SÃO GERALDO MAJELA

Pe. BRAZ DELFINO VIEIRA, C.Ss.R.

SÃO GERALDO MAJELA
(1726-1755)

DIREÇÃO EDITORIAL:
Pe. Fábio Evaristo Resende Silva, C.Ss.R.

DIAGRAMAÇÃO:
Junior dos Santos

COORDENAÇÃO EDITORIAL:
Ana Lúcia de Castro Leite

CAPA:
Geraldo Magela Pereira

REVISÃO:
Manuela Ruybal

Dados Internacionais de Catalogação na Publicação (CIP)
(Câmara Brasileira do Livro, SP, Brasil)

Vieira, Braz Delfino
    São Geraldo Majela: 1726-1755 / Pe. Braz Delfino Vieira, C.Ss.R. – Aparecida, SP: Editora Santuário, 1993.

    ISBN 85-7200-145-X

    1. Geraldo, Santo, 1726-1755 I. Título

93-2037   CDD-922.22

Índices para catálogo sistemático:

1. Santos: Igreja Católica: Biografia 922.22

10ª impressão

Todos os direitos reservados à **EDITORA SANTUÁRIO** — 2021

Rua Pe. Claro Monteiro, 342 – 12570-000 – Aparecida-SP
Tel.: 12 3104-2000 – Televendas: 0800 - 0 16 00 04
www.editorasantuario.com.br
vendas@editorasantuario.com.br

DEDICATÓRIA

À Província Redentorista do Rio de Janeiro,
pelo seu *centésimo aniversário*, e a
quem devo tudo aquilo em que me tornei,
com profunda gratidão, muito carinho
e irrestrito amor, ofereço.

Pe. Braz Delfino Vieira, C.Ss.R.
Belo Horizonte, março de 1993

AGRADECIMENTO

À professora Moema.
Sua vivacidade e competência
ajudaram a tornar o texto
mais límpido.

INTRODUÇÃO

Qualquer pessoa desejosa de conhecer deveras esta figura humana e santa que foi Geraldo Majela pode agora se saciar.

O relato apresentado pelo Padre Braz Delfino Vieira é resultado da leitura de muitas biografias e da consulta aos documentos mais importantes. Não é tradução de coisa alguma antes escrita nem um resumo ocasional das melhores obras. Adotando, praticamente, o mesmo plano da obra de nosso confrade, o missionário redentorista e escritor de sucesso Padre Théodule Rey-Mermet, em seus escritos sobre o santo, Padre Braz, um redentorista bem mineiro, mostra-nos São Geraldo como ele foi na terra: um dadivoso coração todo entregue aos mistérios de Deus, vivendo de uma fé vibrante e de um amor que não depende de época para ser entendido.

A escolha que o Padre Braz fez, do ponto de vista narrativo, é a de um relato de viagem. A gente, leitor, e ele como guia, vamos nos encontrando com lugares e o dia a dia do querido Geraldo Majela. Uma história contada a jeito do mineiro contador de casos. Escolhe acertadamente as palavras, fixa-se em uma ou outra, chegando mesmo a apresentar certas delas em sua origem e formação (sentido etimológico): palavras que sejam elas mesmas um modo de revelar as coisas do viver. É assim, então, que a vida de Geraldo Majela nos chega como a história de um jovem do povo, agraciado com situações, as mais surpreendentes e carregadas sempre de um toque de magia divina, de mistério e milagre. Como leitores, recebemos do autor uma maneira bem dele de nos recolocar dentro do ambiente da época em que viveu este alfaiate naquele lugarejo italiano que é Muro. Também é próprio do autor bulir com nossa sensibilidade para que entendamos a mistura do real com o maravilhoso na vida alegre, divertida e até assustadora desta imagem viva do Cristo redentor em que se foi tornando Geraldo.

Ao concluir a leitura deste livro, fica-se com a certeza de que a cada manhã Geraldo parecia receber um beijo de Deus que o colocava no afã de amar, de santificar-se, de ajudar os outros, de converter os afastados, de provocar os olhares distraídos para a realidade amorosa de um Deus presente e atuante na vida de cada pessoa e de toda a comunidade humana. E o maravilhoso que permeia a vida inteirinha de Geraldo passa a ser um documento cotidiano atestando a intimidade do nosso jovem com Deus. Geraldo, um simples e intuitivo, embora de poucas letras, era um arguto companheiro, atento e empreendedor... Deixava-se levar pelos movimentos nascidos de dentro dele a cada hora: levado ao agradecimento, à adoração, à ação de graças e à entrega plena dele mesmo para ser como Deus o queria. Esta entrega foi um curto caminho em anos: apenas vinte e nove, mas um longo e árduo percurso interior. Vida intensa, altamente tocada pela realidade dos fatos e dos momentos. Para estar em comunhão com Deus, incessantemente, Geraldo entrou no mundo misterioso do próprio coração e do coração das pessoas. Ele se exercitou nesta arte da intimidade. Um asceta. Por isso mesmo se tornou um místico da experiência de Deus, ensinando à nossa fragilidade e pequenez como nos aproximar da fonte da Alegria e da Misericórdia.

Creio que o Padre Braz ao nos dar estas páginas tão bem escritas sobre a vida de São Geraldo fez obra de missionário. Quis igualmente nos chamar a um caminho de intimidade com Deus. Tornando-nos amigos de São Geraldo, ele nos quer familiares do Evangelho de Jesus, qual gente que vai queimando o lixo de sua vida no fogo do amor divino que, então, nos consola e fortalece para uma vivência feliz e fecunda do Evangelho.

Que todos nos tornemos, como Geraldo, seguidores de Jesus e como ele, de certa maneira, sejamos redentoristas também!

Oxalá assim aconteça!

Pe. Dalton, C.Ss.R.
Provincial
Juiz de Fora, março de 1993

I
EM VOO RASANTE

Lá está *Muro Lucano!*
— *O quê?! Onde?...*
Ali. Aquele casario branco derramando-se, como uma cascata, pelas encostas deste maciço dos Apeninos. Talvez a penedia sobre a qual se assenta a cidade e os montes abruptos que a circundam lembrassem uma muralha aos primeiros habitantes do lugar.

Os romanos chamaram de "Lucânia" a toda esta região alta e de serra dos Apeninos, que constitui uma cadeia de montanhas ao sul da Península Itálica. Significa: *Luminosa*, talvez por causa da verdadeira inundação de luz solar que se despeja sobre estas serranias.

— *Então, esta é Muro, a cidadezinha de nosso amigo São Geraldo!*
Hoje é uma cidade de médio porte contando com uns dez mil habitantes. Talvez um pouco mais que o dobro de uns duzentos anos atrás, quando aí viveu Geraldo.

Situa-se na Basilicata e faz parte da província de Potenza. Pertenceu ao reino de Nápoles, governado por austríacos e espanhóis. Muitos lugares guardam ainda os mesmos nomes do tempo de Geraldo. Alguns cresceram e se desenvolveram, já outros conservaram-se quase estacionários.

Se você imaginar o mapa da Itália como uma grande bota, poderá situar-se na altura do tornozelo, e teremos para o lado norte: Castelgrande, San Fele, San Menna, Caposele, Atella, Rionero, Calitri, Ripacândida, Melfi, Lacedônia, Deliceto, Bovino, Ascoli e, bem longe, Foggia, Manfredônia, Santo Ângelo e Monte Gárgano; mais a nordeste fica Corato; ao sudeste, Potenza; ao sul: Bucino, San Gregório, Vietri, Auletta; a oeste: Oliveto, Senerchia; e para além das montanhas, a noroeste: Ciorani, Nocera dei Pagani e Nápoles, esta distante uns 120 quilômetros.

– *Por que toda esta ladainha de nomes?*

São todos lugares ligados à vida de Geraldo e palco de suas atividades.

– *Então, é aqui mesmo que pela madrugada, no dia 6 de abril de 1726, nasceu São Geraldo!*

Certamente. E, neste mesmo dia, na Igreja Catedral de Santa Maria Assunta ao Céu, recebeu com o santo batismo o nome de *Geraldo Maria Majela*. A madrinha foi Beatriz Piccinno, a parteira que assistiu sua mãe no nascimento. O 6 de abril daquele ano caiu no sábado da Paixão e dia consagrado a Nossa Senhora, como que prenúncio das duas pilastras de sustentação de toda a vida espiritual de Geraldo: Jesus Crucificado e sua Santa Mãe. Talvez por coincidência, também, neste mesmo dia, em Nápoles, o eminente advogado, Dr. Afonso Maria de Ligório, futuro fundador da Congregação dos Missionários Redentoristas, foi ordenado diácono pelo cardeal Pignatelli. Uns vinte e tantos anos após eles se encontrariam.

Batizando o filhinho do mais pobre alfaiate de Muro, o padre Felix Coccinone, arcipreste e cura da catedral, nem de longe podia imaginar o dom que Deus estava fazendo à sua comunidade.

Mas demos um pulo até ali, o "Pianello", onde, muito provavelmente, morou a família Majela.

– *Pianello?*

É o nome que os murenses dão à única área semiplana de sua cidade e, possivelmente, o quarteirão mais antigo, quase isolado do resto, que fica entre a catedral e o castelo dos antigos senhores de Muro. Estes se aninham lá no alto, bem embasados na penedia que corta a prumo, enquanto cá embaixo, no vale, desliza o Réscio como manso riacho.

– *Estes senhores de Muro, quem foram?*

Já bem uns duzentos anos antes de Geraldo nascer, a família Orsini di Gravina, começando com o conde Bernualdo I, era a dona inconteste de Muro. Bastante religiosos, católicos por tradição, estes Orsini não eram tão violentos como a maioria dos senhores feudais, que ainda subsistiam. Tinham por "virtude" característica a ganância e cupidez insaciáveis. Impostos, confiscos e extorsões eram as armas que manejavam com exímia destreza. A única exceção foi o conde Pierfrancesco, que se fez dominicano e foi Papa sob o nome de Bento XIII. Era generoso e fez grandes doações por ocasião da reconstrução da catedral de Muro.

– *Mas o que significa a generosidade de um, diante da voracidade de toda a família?*

O certo é que não era muito fácil manter uma família em Muro naqueles tempos, especialmente se pobre como os Majela.

O fisco controlava tudo, desde as terras de plantio até as de pasto para o gado. Tudo tinha de produzir para o maior engrandecimento e riqueza dos Orsini.

– *Com outros nomes e outras manhas tudo isso se repete ainda hoje...*

É... Parece que o tempo parou e nós apenas sabemos imitar os erros do passado...

Em Muro, as ruas em ladeiras a pique e até degraus não são favoráveis ao trânsito moderno e motorizado. Constituem, porém, o "paraíso" da criançada que enxameia por ali, descalça, seminua, em meio ao vaivém dos pachorrentos burricos de carga, e mulheres transportando sobre as cabeças latas d'água ou bacias com roupas retorcidas, recém-lavadas, e levando pelas mãos um ou dois pequerruchos. Vê-se que são robustas, vermelhonas, decididas, trabalhadeiras. Provavelmente, Benedita Cristina Galella foi assim também.

E aqueles pequenos de cabelos e olhos muito negros que nos espionam desconfiados, por detrás das saias de suas mamães, das frestas de portas ou cercas dos quintais, ou escapam ligeiros sob este sol escaldante, lembram-nos o franzino Geraldo e suas irmãzinhas maiores que ele: Brígida, Ana e Isabel.

– *Por que lhe deram o nome de Geraldo?*

O casal Majela já tivera um outro Geraldo, o segundo filho, nascido em 1716, mas que viveu apenas oito dias, e o Pai do Céu o convocou para a sua corte. Após duas meninas, nascendo mais um menino, resolveram repetir o nome.

– *E o que quer dizer **Geraldo**?*

Parece que a palavra provém do antigo germânico e significa *"forte na lança"*, isto é, um soldado lanceiro valente e robusto. Entende-se que este nome estava em voga levando-se em conta a influência austríaca no antigo reino de Nápoles.

– *E **Majela**, o que significa?*

É o nome de família de "seu" Domingos, o paciente e silencioso alfaiate, cujo perfil podemos, hoje, adivinhar nos homens baixotes, atarracados, com a ponta do nariz muito vermelha e que perambulam por todo o sul da Itália. É possível que a palavra "Majela" venha de *machiella* como, talvez, a pronunciasse a gente do Piceno e Baragiano, terra de origem de "seu" Domingos. Parece o diminutivo de "machia", que significa bosque, terra selvagem e inculta. Se quisermos traduzir este sobrenome para nossa língua, talvez a palavra *Matozinho* seja a que melhor corresponda ao italiano. E o nome de nosso amigo ficaria, então, Geraldo Maria Matozinho.

Mas quem sentiu o valor do tesouro que seus braços embalavam, foi mamãe Benedita. Como toda mãe, percebeu logo que este seu bebê era diferente dos outros. Mas que ela nos conte sua experiência!

"Meu Geraldo quase não chorava, mesmo quando tinha fome. Parecia esperar-me, pacientemente, terminar minha obrigação para dar-lhe de mamar. Nas sextas-feiras costumava até recusar o seio."

– *Isso não a preocupava?*

"Inquietava-me como toda mãe. De outro lado, ele não aparentava doença alguma."

– *Um comportamento assim, tão inusitado numa criança, é intrigante, pois não?*

"E que podia eu fazer?... Éramos muito pobres. Tinha de ajudar meu esposo. Punha-o no berço, dava-lhe um beijo recomendando-o ao

Pai do Céu: Deus te abençoe, meu filho!" (Figlio mio, sii benedetto!)

— E depois que ele começou a entender as coisas, como foi, mamãe Benedita?

"*Eu lhe falei de Deus, o Pai do Céu; de Jesus, o Filho de Deus que veio nos salvar. Contei-lhe, do modo como podia entender, a morte de Jesus na cruz. Falei-lhe da Virgem Maria (La Madonnina), a mãe de Jesus, a nossa mãe do céu... Levava-o muitas vezes à igreja, de certa feita fomos até Capodigiano...*"

— *Capodigiano?*

— Explico-me depois.

— Mas continue, mamãe Benedita!

"*É uma capela dedicada a Nossa Senhora das Graças. A imagem da Madonna tem sobre os joelhos a do Menino-Deus.*"

— *Geraldo gostou? Deu trabalho para carregá-lo?*

"*Se gostou! Pregou os olhos na imagem e ficou encantado. Se ficou cansado não demonstrou. Também é aqui pertinho, menos de dois quilômetros, lá do outro lado do Réscio, por onde passa a estrada para San Fele.*"

— *Ele lhe contou o que sentiu?*

"*Meu menino foi sempre devoto. Já com quatro anos ou cinco brincava de armar pequenos altares e imitar o que via o padre fazer na igreja. Um nosso parente, que era sacristão da catedral, trazia-lhe uns tocos de velas, e ele honrava seus 'santinhos' com flores, luzes e cânticos. Por vezes, ajuntava uma turma de garotos, meninos e meninas da idade dele, e brincavam imitando cerimônias da Igreja. Para São Miguel, reservava sempre o lugar de honra. Nós, os adultos, gostávamos de vê-los brincando assim.*"

Muito obrigado, mamãe Benedita! Vamos andar mais um pouco, aí por Muro. Talvez ainda nos encontraremos. Ciáo!

— *É normal acontecer isso com meninos nesta idade?*

Não sei, mas pode acontecer, mormente quando os pais transmitem sua fé com palavras e, sobretudo, com exemplos vividos. O ambiente de religiosidade em que Geraldo foi educado muito influenciará em sua espiritualidade futura. Ele irá encarar as mais profundas verdades da fé, da maneira mais simples e confiante possível.

II
CAPODIGIANO

O picadeiro está armado, e nosso palhacinho pronto para a estreia.
— *Está me devendo a explicação de Capodigiano, lembra-se?*
Sim; e vamos até lá então!

É bem possível que esta capelinha tenha sido construída sobre os restos de um pequeno templo, que os antigos romanos teriam consagrado a *Janus*, uma de suas divindades. Dizem os entendidos que o templo deste deus ficava fechado durante os períodos de paz no Império romano, e só era aberto quando havia guerra no Império...

— *Pelo que sei da história foram brevíssimas as épocas em que se manteve fechado.*

No latim, a palavra "Janus" significa porta ou janela. Capodigiano, no italiano (vem de *capo di Gianno*), significa literalmente "cabeça de Jano", quer dizer: um lugar mais elevado com uma edícula e altar para sacrifícios, consagrados ao deus Jano dos antigos romanos.

Mas, para vermos mais de perto a capela de Capodigiano, teremos de atravessar o Réscio, não sobre a ponte moderna, de cimento armado. Usaremos o velho passadiço, a "Ponte del Diablo", e depois andaremos por aquele trilho, cavado pelas águas das enxurradas no cascalho...

— *E por quê? A ponte e a estrada larga me parecem mais cômodas.*

Porque foi este o percurso que, num dia de primavera de 1732, o menino Geraldo, então com uns seis anos de idade, realizou...

– *Ah! Já sei o que vai me contar: o "pãozinho branco", os folguedos com o Menino-Jesus...*

Isso mesmo.

Naquele dia, "seu" Domingos costurava em um canto da sala, pensativo, preocupado com as poucas encomendas de trabalho e com o pouco que ganhava. Mamãe Benedita, na cozinha, esfatiava o pão preto de centeio para o almoço da família e, disfarçadamente, deixava cair um torrão de açúcar no copinho de vinho destinado ao caçula. Os olhitos das crianças seguiam-lhe os movimentos e as cabecinhas já calculavam o quanto cada um iria receber da ração... não seria muito!

Geraldo, sem que o percebessem, saía e se punha a caminhar. Seus pés levantam a poeira esbranquiçada do sendeiro bordejado de vinhas e figueiras, levando-o a Capodigiano. Iria visitar a Rainha do Céu, como mamãe lhe ensinara.

Ei-lo! Já à porta da capelinha. Ergue-se no bico dos pés para alcançar o trinco e abri-lo, e some-se depois capela adentro.

– *Vamos lá também!*

Este palácio da Rainha do Céu é muito simples, mas acolhedor. Ouçamos Geraldo que reza: é uma criança em oração!

"Rainha do Céu e da terra, eu sou ainda um menino. Mamãe me falou que a Senhora é muito boa e muito poderosa. Eu não sei pedir direito nem mesmo sei o que pedir. A Senhora me dá o que eu preciso nesta idade. Só quero o que a Senhora quiser, e o que a Senhora fizer está bem feito."

– *Mas será mesmo verdade? A imagem do Menino-Jesus está descendo dos braços da Madonnina!...*
E os dois a brincar, a correr, como velhos camaradas...
"VAMOS BRINCAR, GERALDO?"
"Vamos!"

E os dois num pega-pega pela capela afora... jogam bolinhas de gude que Geraldo trouxera nos bolsos... riem-se gostosamente sob o olhar carinhoso da Madonna.

– *Ele não se assustou com a imagem do Menino-Jesus criando movimento e vida?*

Muita coisa pode provocar o interesse de uma criança... Causar-lhe admiração?... De que se admira uma criança?... O maravilhoso?... O mundo de uma criança é feito de alegrias, bondade e amor, onde tudo é possível. O que sabemos nós do "mundo novo" criado pela Ressurreição de Cristo?... É importante saber brincar com Deus, quando Ele é quem convida... Agora preste atenção no que vai seguir! A brincadeira terminou, e os dois se despedem:

"Até amanhã, Geraldo! Você volta, não volta?"
"Volto, sim. Se a mamãe deixar..."

Abra bem os olhos ante o que vai ver, e não caia de espanto!
– *Mas é incrível mesmo!... A imagem da Madonna das Graças, sorrindo, estende um pão branquinho, delicioso, até às mãos de Geraldo!...*

"Obrigado, Senhora! Até amanhã! Se a Senhora deixar, volto para brincar com seu filho."

Veja! As imagens voltam a ser como todas as imagens. Parece ilusão tudo que aconteceu aqui... Mas encoste-se para cá, pois eis Geraldo que vem aí correndo!

Num átimo ele atravessa a "Ponte do Diabo", chega em casa e entrega o pãozinho branco à mãe:

"Olhe aqui, mamãe, o que eu ganhei".

Suas mãos pequenas e magras estendem a dona Benedita um pão branco e cheiroso.

"*Quem te deu, meu filho?*"
"Foi a mãe de um garotinho com quem estive brincando."
– *E o que a senhora imaginou, mamãe Benedita, diante deste pão e do Geraldo tão magro e descorado?*
"Pensei: deve ser alguém de família rica e que teve dó do meu pobre filho... Como não conheço toda gente de Muro..."

E o pãozinho branco continuou chegando: uma, duas, três vezes...

– *Não a intrigava?*

"*Perguntei-lhe muitas vezes: mas quem é este menino, meu filho?... A resposta era sempre a mesma: 'O filho de uma Senhora muito bonita, com quem tenho brincado, mamãe'. Eu insistia: sabe como se chama?... Aí ele não sabia responder direito. Falava sempre: 'É uma Senhora grande, bonita'.*"

E Geraldo, com apenas seis anos, não tinha mesmo outra explicação a dar.

Que mais era preciso? Um menino com quem brincava e cuja mãe presenteava-lhe com um pãozinho... Não é tudo tão simples, tão lógico para uma criança?

– *Estou pensando que: não havia em Muro família que comesse um pão daquela qualidade...*

Isso tanto intrigou, e a tantos intrigou, que um belo dia a pequena Ana o seguiu. Vê tudo e traz o segredo para dona Benedita. No dia seguinte, é dona Benedita mesma que está no coro da capela, bem escondida. Assiste a cena paradisíaca. Vê o pãozinho branco dado a seu filho pela Madonna. Crê que seu coração vai estalar de felicidade. Cai numa vertigem gostosa, como só nos sonhos acontece. Sente seus lábios murmurando para si mesma: Deus te abençoe, meu filho! *(Figlio mio, sii benedetto!)* Volta para casa pensativa, alheada, e espanta-se consigo mesma perguntando-se: Que farão de seu pequeno Geraldo a Virgem Santa e o Menino-Deus?

– *As "Vidas de Santos" contam, frequentemente, tais legendas maravilhosas. Eu me pergunto: qual teria sido a causa originária destas narrativas? O que, realmente, teria acontecido?...*

Quanto a mim, acho que são, de fato, acontecimentos simples na vida de pessoas, que o povo tem por santas mesmo antes de morrerem. São narrativas populares engrandecendo seus heróis. Tais cenas da vida de pessoas santas se passam em outra dimensão bem distinta da que nossos olhos e poder de reflexão podem perceber. São, como você diz, *legendas* ou, mais brevemente, *lendas*; isto é, narrativas de um mundo feito de fé, amor, confiança e simplicidade, e que *devem ser lidas* ou *relidas* assim, para revelarem toda a sua mensagem a nós. Não tenhamos, porém, a pretensão de entender e explicar tudo. Nossa própria existência e o viver são um mistério bastante insondável.

Mas terminamos este papo de hoje, assinalando mais uma coincidência: Nesta primavera de 1732, a umas 4 léguas dali, nas montanhas que bordejam a "Divina Costiera", ou seja, a "baía de Amalfi", um sacerdote e advogado prostra-se de joelhos numa gruta, na povoação de Scala, e reza à Virgem, implorando inspiração, força e coragem para começar uma Congregação religiosa de sacerdotes e irmãos leigos que, à imitação de Jesus, se devotassem totalmente a levar as "Boas Notícias" do Evangelho aos mais abandonados.

"Ela me dizia coisas tão belas", escreverá mais tarde o fundador dos Missionários Redentoristas, referindo-se a estes seus colóquios com a Madonna de Scala.

Capodigiano e Scala... Geraldo e Afonso... Mera coincidência ou é hora de dizer: "aqui está o dedo de Deus?"

III
NO MENINO, O HOMEM DE AMANHÃ

Geraldo completou sete anos. Vai frequentar a escola por três anos, mas vamos visitar o professor Donato Spicci, e que ele nos fale deste seu aluno!

"Extraordinário, meus senhores, é a palavra que o caracteriza! Logo, logo aprendeu a ler, escrever e fazer contas. Eu o encarregava, muitas vezes, de ensinar aos mais atrasados da classe. Nas aulas de religião, então, já sabia tudo, pois aprendera com os pais em casa. Exercia verdadeira liderança sobre os colegas. Não que chefiasse suas traquinices invadindo quintais, ou perseguindo passarinhos a pedradas. Encaminhava-os, frequentemente, à igreja:

"Venham! Vamos visitar Jesus no sacrário!", dizia-lhes. E o bando, infantil, travesso e irrequieto, tornava-se dócil ao comando do chefe.

Por vezes, organizava uma procissão de pequerruchos, junto às árvores copudas do jardim da mansão da família Cillis, que fica um pouco fora da cidade. Certa vez, ele fez uma cruz com uns galhos secos, prendeu-a a um tronco de carvalho e comandou ao bando:

"De joelhos! Adoremos a cruz de Jesus!"

E a criança, de olhos grandes e felizes, uns por piedade, outros, talvez, por brincadeira e sem entender, prostraram-se reverentes. Alguém, que presenciou o acontecido, testemunhou que, de certa feita, a árvore ficou toda iluminada como um altar cheio de velas. E desta sarça ardente surgiu o Menino-Jesus trazendo para Geraldo um pãozinho branco como a neve.

Grato, professor Spicci, pela informação! É que nos interessamos muito por este mais renomado filho de Muro.

– *Sempre um pãozinho branco!... Será um aviso?... Um chamado?...*

Penso que mais que isso, possivelmente.

Durante toda a sua vida, a fome de Geraldo foi da divina Eucaristia. Visitava o Santíssimo Sacramento e passava horas inteiras nestas visitas, esquecido até da comida e bebida. Bastava-lhe a presença do "Amigo" Jesus. Durante a celebração da missa transfigurava-se e na hora da elevação prostrava-se até atingir a terra com o rosto. Seus olhos devoravam a Hóstia que o padre segurava.

– *Foi-lhe negada a comunhão, não foi?*

O padre achou-o pequeno e despreparado. O costume de então era de dar a santa comunhão somente a crianças de dez ou doze anos para cima, e Geraldo contava apenas oito. Para ele, esperar dois ou três anos ainda era demais...

– *E como foi?*

Era uma daquelas manhãs em que os fiéis podiam comungar...

– *E não podiam fazê-lo todo dia?!*

Naqueles tempos, havia muito rigor quanto à recepção da sagrada comunhão. E, como eu ia dizendo, Geraldo foi ajoelhar-se com os outros no banco dos comungantes. O padre, vendo-o, olhos fechados, muito pequenino, a boca semiaberta um pouco abaixo da borda do banco da comunhão, hesita um instante, depois lhe diz secamente:

"Você não! É pequeno demais. Comunhão não é brinquedo. Ouviu, menino!"

E o sacerdote passa adiante. Geraldo é que vai se encolher num cantinho da igreja e chora sentido pranto, que se prolongou por todo aquele dia. Mas Jesus, que abençoou as crianças e as acolheu, não se fez esperar por dois ou três anos.

"Às favas, cânones tão severos e com ranço de Jansenismo! Que levem à breca as leis dos homens!"

Naquela mesma noite, Geraldo adormeceu sentido por lhe terem negado o seu *Amigo*. Mas, a um dado momento, brilha uma luz no quarto. É o arcanjo São Miguel que ali está. Veio trazer-lhe a comunhão.

"Ah! Querido arcanjo São Miguel!"

E Geraldo ergue-se rápido como o amor, lábios e coração abertos. Só os anjos e o seu querido São Miguel foram as testemunhas desta comunhão.

– *O quê?!... São Miguel trazendo-lhe a comunhão?*

Para Geraldo nada era extraordinário ou impossível, simplesmente porque ele vivia de fé.

"São Miguel trouxe-me, nesta noite que passou, a comunhão que o padre não quis me dar, ontem, na igreja."

Assim confidenciou ele inocentemente à D. Emmanuela Vetromilla, e esta se encarregou de passar adiante o sucedido na casa dos Majela. E a novidade voou de casa para casa no Pianello.

– *Não lhe parece forçada tanta piedade numa criança?*

Penso que não, se levarmos em conta o ambiente de religiosidade em que "esta criança" viveu.

– *E qual seria a característica desta religiosidade?*

Um esforço sincero de pôr em prática no dia a dia da vida os ensinamentos de Cristo, e as pessoas, de acordo com suas tendências e capacidades, expressavam isso por orações, jejuns, flagelações com disciplinas e recepção dos sacramentos da Igreja, já que o ambiente era todo católico. E, para evitar abusos e exageros, foram estabelecidas leis e normas...

– *Ah! Sim. Agora entendo os "cânones severos com ranço jansenista", a pouca idade...*

Mas quis o Pai do Céu que assim começasse o "jogral do pão" entre seu Filho Jesus e o filho de dona Benedita, que o "palhacinho" viveu e era capaz de entender.

– *E ele deixou de visitar Capodigiano?*

Não necessariamente. Só que, doravante, ele descobriu a mesma presença, seja na Igreja de São Marcos, perto de sua casa, ou na catedral.

– *E como teria sido este entretenimento de uma criança com Jesus sacramentado?*

São segredos da pessoa e dificilmente detectáveis, mas temos um fato documentado:

Certo dia, um padre o observou rezando ajoelhado nos degraus do altar por longo tempo. Aproximou-se, admirado da imobilidade e prolongada prece, e, como se tratasse de uma criança, perguntou-lhe:

"Por que ficas aí por tanto tempo?"

Inocentemente Geraldo respondeu:

"É que um meninozinho saiu ali do sacrário e me deu a comunhão, e eu estou aqui lhe agradecendo".

Geraldo já conhecia bem este "meninozinho". Era o seu companheiro de folguedos na capela de Capodigiano, quando corriam e brincavam sob o olhar satisfeito da Madonna das Graças. Ele tornara a vê-lo mais algumas vezes nas mãos do padre, após a consagração durante a celebração da santa Missa. E, quando o sacerdote comungava e o "Menino" desaparecida, Geraldo chorava amargamente. Contam que, certa vez, após a Missa foi à sacristia falar ao padre:

"Como pudestes comer o Menino-Jesus?" (... mangiare Il Bambino?)

E até ameaçou:

"Vou contar tudo ao senhor bispo, ouviu!"

— *Em nossos dias, as crianças que vemos por aí são bem diferentes...*

Não digo que sejam piores ou melhores. O modo de vivenciar a fé e a religiosidade é que mudou. Acima de tudo, hoje, se acredita que é Deus quem conduz a história dos homens, e com tal condutor só se pode esperar um final feliz.

Quero lembrar-lhe outra coincidência que não considero casual: o menino Geraldo, tão decepcionado por ser-lhe negada a santa comunhão, foi o primeiro santo a ser canonizado por São Pio X, o papa que abriu as portas do sacrário para a comunhão das crianças.

— *Mas São Geraldo fez uma primeira comunhão com as outras crianças?*

Sim, foi quando atingiu os dez anos.

Os dias de brincar foram ficando para trás, esquecidos. A vida exigiu outro ritmo. Tinha de ajudar com pequenos serviços em casa. Afinal, chegou o dia de sua primeira comunhão oficial.

– *A que ficou registrada nos livros paroquiais?*

Exato. E significou que, dali por diante, as pessoas grandes autorizavam-no a encontrar-se com o seu "Amigo" (Il Bambino), por meio do sinal do pão. E como era costume então, ele o fazia por três vezes na semana ou a critério de seu confessor.

Para esta comunhão, ele se preparou com duras penitências: jejuou, mortificou-se, rezou muito. Entrava em seu quartinho, e os outros que ficavam de fora ouviam-no flagelar-se por longo tempo. Suas irmãs bisbilhotaram seu quarto e, mais tarde, ainda se lembravam de terem encontrado lá um chicote trançado de nós e sujo de sangue! Aliás, tais chicotes ensanguentados vão aparecer bastas vezes em sua vida.

Comumente ele se contentava, desde menino, com um pedaço de pão e um pouco d'água em vários dias da semana. Mas, após sua primeira comunhão, seus jejuns redobraram e eram assunto das comadrices pelo Pianello todo. Mamãe Benedita é quem gemia preocupada e aflita com seu Geraldo tão magricela e tão diferente dos outros meninos.

"Este meu filho ainda morre de fome!... Passa dias sem botar comida na boca."

Assim, lamentava-se a coitada. É que, quando saía com as filhas para trabalhar nos campos e ganhar coisa que ajudasse nas despesas da família, cuidava de deixar preparado um pratinho de comida para o seu caçula que ficava em casa para ir à escola. Mas, ao voltar à noite, topava com o prato como deixara de manhã: intacto. E a desculpa de Geraldo era a de sempre:

"Não tive fome, mamãe!"

– *Pode ser que, ficando sozinho em casa, ele se aproveitasse para ir buscar um pãozinho branco nos jardins da mansão dos Cillis...*

Ou mais provável que Geraldo tenha compreendido que um "Menino" que joga bolinhas de gude e o pãozinho que Ele dá, podem ser a mesma coisa, se o seu companheiro de brinquedo o quiser.

IV
UMA FÉ CAPAZ DE TRANSPORTAR MONTANHAS

Aulas, brinquedos, longas fugas para o interior das igrejas – em que permanecia horas a fio rezando –, vigiar um pequeno rebanho, eis as ocupações do garoto Geraldo.

Tudo era maravilhas. Visão bucólica e poética: nosso pastorzinho, muito magro, assoviando às ovelhas pelas encostas, montes e valados ao redor de Muro entre olivais prateados...

– Mas há sempre os que não se sensibilizam com poesia e bucolismo, e só têm olhos para o lado utilitário e imediatista da vida.

Certo. E foi o que aconteceu: uns sujeitos, amigos do alheio, roubaram-lhe um carneirinho. Pode ser que soubessem das "distrações" de Geraldo, sempre "perdido" em Deus. Fizeram o "serviço" bem-feito, tratando logo de degolar o carneirinho e enfiá-lo num espeto para um bom churrasco.

– E como se arranjou nosso amigo? Que desculpas deu em casa?

De volta a casa, pela boca da noite, é que notou a falta do cordeirinho. Contou, recontou todo o rebanho, mas o quociente dava sempre o mesmo: faltava um!

– Sei. É embaraçoso mesmo. A matemática é implacável, e não é em vão que é chamada de ciência exata...

Pois é... Mas e agora? Encontrar o bichinho àquela hora? Impossível... Geraldo relembra por onde andaram naquele dia, onde os animais beberam, pastaram... onde descansaram à sombra das árvores... Tudo apontava na mesma direção: fora roubado! Avalia a situação criada para seus pais; são muito pobres, o rebanho pertencia a um senhor, ele ganhava alguma coisa para cuidar das ovelhas...

— *Leve-se em conta o caráter sanguíneo dos italianos do sul, sempre prontos a explodir em pragas e imprecações... que muito pouco agradariam a Geraldo...*

Mas ele não se agasta com tão pouco. Recolhe-se um momento pensativo e depois assegura aos presentes com a maior convicção e simplicidade:

"Daqui a pouco o carneirinho estará aqui são e salvo".

— *E aconteceu?*

Como ele dissera.

Geraldo ajoelha-se e põe-se a rezar com aquela fé humilde, simples e confiante de um justo. Dali a pouco ouve-se o balido choroso do cordeirinho retardatário, esforçando-se por encontrar sua mamãe em meio à manada.

— *Quem haveria de crer!*

Apenas garanto-lhe: tudo é tão simples, tão possível para quem crê verdadeiramente. Talvez seja esta a diferença entre a nossa, e a fé de Geraldo: temos uma fé de profissão, de palavras, de raciocínios; Geraldo tem uma fé de entrega, uma fé de crédito, ou seja, uma fé que crê.

Jesus tinha dito: "Pedi e recebereis, batei e abrir-se-vos-á", e ele não fazia de Jesus um mentiroso, acreditava ao pé da letra. Para sua fé ingênua, talvez, e pouco ilustrada por raciocínios difíceis, tudo era possível, até mesmo a volta de um carneirinho vivo, que talvez tivesse sido degolado, espostejado e rodado num espeto ao fogo. Para ele, tudo era tão possível como um piscar de olhos, um jogo com bolinhas de gude, um pega-pega.

O cônego penitenciário da catedral de Muro foi quem perenizou o testemunho deste fato, relatando-o por escrito, e assim chegou até nós.

V
ATRIBULAÇÕES DE UM APRENDIZ

Corria o ano de 1738. "Seu" Domingos Majela parte para junto do Pai do Céu. Em um lar tão empobrecido e humilde, no qual já faltavam os alimentos diários, a ausência do chefe é prenúncio de mais e maiores privações.

Geraldo é uma criança ainda, mas suas mãos pequeninas terão de retomar a agulha, a régua e a tesoura tombadas das mãos paternas. É o "homem" da casa. Exercerá a profissão de alfaiate, pois assim decidiu dona Benedita. Mais tarde ele diria:

"Eu pensava em tornar-me religioso".

Imitará, porém, Jesus obediente até à morte. Mas vamos à rua do Seminário, número 11, dar uma olhada no que resta da velha alfaiataria de Pannuto onde Geraldo aprendeu a arte de costurar. No momento, é o depósito de uma farmácia. Uma tabuleta afixada por cima da portada, ao lado direito de quem entra, recorda-nos que é ali o ambiente, testemunha da oração e paciência de um humilde aprendiz, como resposta aos maus-tratos que recebia.

– *Mas já ouvi falar que mestre Pannuto era um homem bondoso...*

Pannuto, sim. Mas seu empregado, contramestre da alfaiataria e instrutor de aprendizes, era um bruto e pessoa de maus bofes. E este rapazola de olhos grandes, parecendo alheio ao mundo, com o espírito fixado constantemente em Deus na oração, frequentador de igrejas e de bênçãos do Santíssimo Sacramento, era para ele a constante acusação de seus desvarios. Decididamente o tal contramestre não se simpatizou com ele...

– E o que se passava na alfaiataria nas ausências de Pannuto?

Para começar, as zombarias e insultos, depois vieram os puxões de orelhas, reguadas nos braços e nas costas, tapas no rosto e pontapés. Mas entremos por uns instantes e assistamos a uma destas sessões de torturas!

"Olá meu patinho feio, quantos padre-nossos, hoje, hein?"

"Que está dizendo, senhor?"

"E ainda perguntas?... Queres bancar o surdo ou desentendido comigo, seu carola de uma figa, velha rezadeira, rato de sacristia!..."

Esta era a saudação de cada dia. A tudo, Geraldo respondia com o mais impassível silêncio, como Jesus diante de Herodes e seus cortesãos. Depois do almoço havia uma hora de descanso, a sesta muito apreciada pelos italianos. Geraldo, como era seu costume, saía para visitar o Santíssimo Sacramento. E os insultos continuavam:

"Onde vais, agora, vagabundo?... Vais encafurnar-te n'alguma igreja, em vez de descansares para trabalhares melhor... Já te conheço, patife... metido a besta, mas que nem tem onde cair morto!..."

Mestre Pannuto desconhecia tudo isso. Certa manhã, o brutamontes arrancou das mãos de Geraldo uma peça de costura, que este alinhavava, e desfez tudo, tudo com um arranco. Esfregou-lhe a peça no rosto e gritou-lhe:

"Veja a porcaria que andas fazendo!... Lesma! Nada fazes direito!"

E obteve como única resposta:

"Ensina-me, então, senhor! É que eu ainda não sei..."

"Ah! Muito bem... Não sabes, hein? estás pedindo é para te meter esta mão na cara, não é mesmo, sua besta!? Então, toma lá..."

E os pescoções, murros, tabefes, chutes choveram sobre aquele corpo franzino. O único queixume era:

"Bate, meu irmão, que bem merecem os meus muitos pecados!"

Às vezes, gemia:

"Ó meu Deus, seja feita a vossa vontade!"

Tais cenas brutais e covardes nunca chegariam ao conhecimento de alguém, se o próprio Geraldo, pouco antes de morrer, não as tivesse contado ao seu diretor espiritual, sob mando de obediência.

Numa manhã, ele foi visitar a capela de Capodigiano e, por isso, chegou um pouco atrasado ao serviço. Foi recebido com uma estalante bofetada na face. Geraldo respondeu com um sorriso triste, calmo, resignado. Foi a conta para transbordar a medida do irritadiço contramestre:

"Ainda te ris, miserável? Estás zombando de mim, cão bernento?..."

"Oh! Não. Eu não rio de ninguém!"

"Muito bem! Então vais mostrar-me agora mesmo por que estás rindo!"

"É a mão de Deus que me castiga, senhor, por causa dos meus pecados."

E aí o bruto exorbitou. Enxotou Geraldo para a rua batendo-lhe com uma régua de ferro. Geraldo pondo-se de joelhos, na rua, rezava:

"Eu o perdoo, meu irmão, por amor de Jesus Cristo".

Afinal, mestre Pannuto começou a desconfiar que nem tudo corria bem na alfaiataria, durante suas ausências. De uma feita entrou, inopinadamente, no momento mesmo em que Geraldo era derrubado da mesa com um tremendo sopapo.

"Que é isso? Que está acontecendo aqui, Geraldo?"

"Desculpe, mestre! É que sou tão desajeitado. Caí da mesa..."

"Mas cair como...? Não se cai à toa..."

E Pannuto olha de soslaio para ao contramestre que retomara o alinhavo. Este, sentido o olhar de Pannuto, regouga:

"Pergunte a ele. Ele é quem sabe o que lhe acontece. Se ele fala que é desajeitado, é porque é mesmo... Aliás, desajeitado é apelido. Porcalhão e matador de serviço é que ele é. O senhor ainda não viu nada..."

Mestre Pannuto tenta consolar Geraldo:

"Você está aqui é para aprender, não desanime, meu filho!"

"Oh! Não! Eu não desanimo nunca. Eu ainda não sei é fazer o serviço direito, mas sei que tudo que me acontece é para o meu bem."

Assim, desculpou Geraldo o irado contramestre.

À noitinha, antes de voltar para casa, ele foi visitar o "Prisioneiro do Sacrário". Rezou, pediu perdão e fez tantas cruzes com a língua no piso da igreja até sangrá-la. Tudo isso intercedendo junto a seu "Amigo" pelo contramestre e em reparação das blasfêmias que este vomitara o dia todo na alfaiataria.

Numa noite, Pannuto o seguiu e, escondido detrás de uma pilastra da igreja, viu e ouviu tudo: suas penitências, seu rogos, seu êxtase. Voltando a casa despediu o contramestre.

– *Aposto que quem não gostou nada foi Geraldo. Como imitaria, dali por diante, a paciência e a mansidão de Jesus flagelado e coroado de espinhos no pretório de Pilatos?*

VI
NA CASA DE PANNUTO

Mestre Pannuto descobre, a cada dia que passa, o valor da joia que tem junto de si. Por isso, inventa pretextos para que Geraldo fique em sua casa o mais que puder.

– *Já sei. Às vezes, é a quantidade de trabalho que o obriga a costurar até alta noite, então, Geraldo dorme na casa do patrão.*

Só que, de manhã, a cama está como na véspera, quer dizer, nem foi tocada, porque Geraldo dormiu no chão enroscado como um cãozinho!... E todo confuso tentando explicar-se:

"É que me acostumei a dormir assim. Acho bom..."

Pouco a pouco, a estima muda-se em veneração. Geraldo não era apenas um rapazinho bom, era um santo... e fazia milagres!...

– *Ah! Sim. Como foi o sucedido em Moccaporta?*

Era uma vinha de Pannuto que ficava uns quatro quilômetros distante de Muro. Durante o ano, nada mais que os cuidados costumeiros numa vinha, mas na época da colheita era preciso vigilância, senão os malandros levariam tudo. Geraldo prestrava-se para estas vigílias na melhor boa vontade. Ora com Pannuto, ora com um filho dele.

E não perdia esta oportunidade de ficar rezando sob um céu outonal pintalgado de estrelas, ou ajoelhado ao lado da enxerga, no rancho.

E não é que Pannuto, numa daquelas noites, se esqueceu de levar óleo para a lamparina que deveria alumiá-los!... Que fazer?! Pedir a Geraldo que fosse buscá-lo em Muro? Mas já é noite fechada, e ele ainda é tão pequeno... ademais deve estar moído de cansaço do trabalho, e do dia todo na alfaiataria... Não, nunca lhe pediria um sacrifício destes...

Mas sem que Pannuto lhe dissesse uma palavra, Geraldo vai a Muro e volta com o óleo para a lamparina.

– *Anjos o acompanharam?*

Sei não. Noutra ocasião foi a esposa de Pannuto a esquecer-se. Arranjou o almoço do marido que trabalhava na vinha e lho mandou, mas não colocou na cestinha colher ou garfo. E a pobre coitada já imaginava a trovoada à noite, quando o marido voltasse.

Felizmente, Geraldo trabalhava na alfaiataria e ofereceu-se prontamente para levar os talheres ao mestre.

"Não adianta, filho! Já faz mais de hora que o carregador de almoços saiu. Se bem andou, já chegou a Moccaporta. Quando lá chegares, Pannuto não precisará mais de talheres..."

Geraldo insiste, e ela lhe entrega garfos e colheres enrolados num guardanapo. Há sempre uma esperança. Afinal, tratando-se de Geraldo não se pode saber bem onde os acontecimentos irão dar.

Ele sai correndo. A estrada era péssima, em automóvel ainda não se pensava. Mas Geraldo chegou à vinha antes do carregador de almoços que saíra uma hora antes e, conforme afirmara depois, não parara no caminho... acresce que a caminhada era só de quatro quilômetros... É para se dizer: a disponibilidade cria asas! Você explique como queira, mas a família de Pannuto sempre acreditou num milagre.

– *Mas milagre mesmo foi o do rancho, pois não?*

Sinceramente não sei explicar doutro modo.

– *Recorde-mo, então!*

O mestre Martinho Pannuto levantara um rancho em sua vinha, onde se abrigasse do sereno nas noites de vigia, ou dos raios de sol, durante o descanso após o almoço, nos dias de trabalho por lá.

Em várias noites, Geraldo e José Antônio, filho de Pannuto, montaram guarda à vinha. Revezavam-se na vigia, quer dizer,

Geraldo vigiava e o garoto dormia a noite toda. Geraldo não era de perder estas horas de silêncio e recolhimento sob o teto das estrelas. Rezava e meditava. As horas escoavam lentamente e Geraldo, numa paraliturgia de cânticos, preces e disciplinas, rondava a vinha, por vezes fazia uma cruz tosca com galhos de árvores, acendia uma ou outra vela, e, sozinho, percorria em procissão ao redor da choça ou entre os parreirais, cantando baixinho o "Miserere".

– *Maneira esquisita de afugentar ladrões de uvas!*

Sei lá! Ele caminhava absorto no arrependimento de seus "grandes pecados", e pedia perdão pelos pecados do mundo inteiro. Certa noite, por falta de jeito ou distração, o fogo pega na palha da palhoça. Num instante, tudo é uma chama só. O garoto José Antônio acorda e grita seu terror:

"Acuda, Geraldo! Onde você está?"

– *E então?*

Geraldo, como se voltasse a si de outro mundo, ajunta as mãos em prece e reza... E o incêndio acabou ali mesmo...

Mas voltemos à alfaiataria!

Um cliente veio procurar um terno que encomendara. Mas que contratempo?!... A roupa saíra um despropósito: apertada e curta, não cabia o homenzarrão. Pannuto, confuso, chateado, nunca lhe acontecera tal, só podia balbuciar:

"Enganei-me, senhor, com outras medidas. Só pode ser isso..."

E aí Geraldo acorre:

"Mas isso não é nada. Deixe-me ver. Os senhores verão..."

Pega as peças de roupa e vai alisando-as, ora no sentido do comprimento, ora no sentido da largura. O cliente olha aquilo com sorriso zombeteiro nos lábios, incrédulo, por fim se impacienta.

"Que fazes, palhaço? Achas que vais encomprirar o pano, alisando-o? Estás debochando de mim?!..."

"Não, senhor! Em absoluto. Eu não brinco no trabalho nem debocho de ninguém. Experimente-o agora!"

Isto dizendo, entrega-lhe as peças de roupa. O tal cliente, despeitado, desconfiado, desajeitado, vai vestindo a roupa... e não é que lhe assentou como uma luva feita sob medida! Fato é fato. Só mais um, então:

Geraldo instala sua pequena alfaiataria na própria casa de mamãe Benedita. Certo dia, aparece-lhe um cliente: homem pobre, da roça, com um embrulho de panos, bem ruins, debaixo do braço. É para fazer-lhe uma roupa, uma calça. Já bem prático, Geraldo desenrola a mescla e vê que não vai dar... nem para a metade. Mede o pano, mede o camponês, balança a cabeça. Não há que duvidar: este pano não dá nem para vestir uma criança!...

No rosto do pobre homem pintam a tristeza e o desaponto, e os olhos lhe nadam em lágrimas. Não lhe restava mais um tostão para comprar pano. Porém, o fraco de Geraldo é compadecer-se do pobre necessitado, por isso, vai dizendo:

"Seu pano é muito pouco, meu amigo, mas, com a ajuda de Deus, vamos ver o que se pode fazer".

– *E vai me dizer agora que Geraldo criou pano ali?*

Se criou não sei. Mas, embora a matemática seja a ciência dos números, exata e inflexível, também ela se curvou sob a régua do filho de "seu" Domingos. Fez uma breve prece interior. Estendeu o pano sobre sua tábua de alfaiate e foi correndo as mãos por ele, enquanto dizia:

"Com a ajuda de Deus e de seu santo padroeiro, hei de fazer-lhe uma boa calça".

Corta o pano na largura e no comprimento das peças, e depois de tudo, ainda sobraram uns bons retalhos de tecido para calcinhas dos garotos do camponês.

– *Alfaiatezinho batuta, mesmo antes de tornar-se um taumaturgo de profissão!*

Mas não nos antecipemos!

VII
UMA PORTA FECHADA NA CARA

Três anos com Pannuto. Geraldo está agora com quinze anos de idade. Terminou o aprendizado, é agora um profissional, um alfaiate. Mas bem no seu íntimo está aninhada a velha pergunta: é como alfaiate que Deus o quer?

Dia 5 de junho de 1740 foi uma data muito importante para ele. Foi crismado. Dom Cláudio Albini, bispo de Lacedônia e murense, portanto conterrâneo de Geraldo, foi quem lhe conferiu este sacramento, na ausência do bispo da diocese de Muro.

Para Geraldo, significou um dia de ação de graças e recolhimento. Iluminado pelo Espírito da verdade, seu mais íntimo intento amadureceu: vai abraçar a vida religiosa!

– *Mas onde? Em que Congregação ou Ordem?...*

Para Geraldo, isso pouco importa. Deus providenciará.

Os capuchinhos eram bem conhecidos, possuem até um noviciado em Muro. São vistos todos os dias, pés descalços só de sandálias, pobres, muito simples, alegres como um bando de pardais pelas ruas. O superior provincial da Lucânia é o seu tio materno: Frei Boaventura Galella.

– *Penso que as dificuldades estariam, então, meio vencidas. Quem poderá impedir ao Padre Provincial Capuchinho aceitar seu sobrinho na Ordem?!*

Acresce ainda que nestes dias ele se acha de passagem pelo convento de San Menna, a uns vinte quilômetros de Muro.

– *É o momento de ir lá e pedir admissão...*

E foi, fez o pedido, e ouviu:

"Não, meu filho! Você não serve para nós. Nossa vida é dura, pobre, cheia de penitências... Você é uma criança, e tão magro que é só pele e osso... Se me dissessem que é um candidato para a tuberculose, acreditaria, mas para a vida dos filhos de São Francisco... não; definitivamente, não!

E o tio Boaventura repara na molambeira que veste o corpo do seu sobrinho, e cuida de presentear-lhe com uma roupa nova. Será, pensou ele, uma ajuda indireta à irmã tão pobre, e, para o sobrinho, um consolo pela porta que se lhe fechava ao nariz...

Um terno novo dura, geralmente, pouco no corpo de qualquer rapazola, mas nunca durou menos que este no corpo de Geraldo!

– *Deu-o a um pobre?*

Foi isso mesmo. Ali, bem perto do convento, ele topa com um mendigo seminu:

"Uma esmola pelo amor de Deus!"

Nem um tostão no bolso, como de costume, aliás, mas um pedido por amor de Deus não podia deixar Geraldo sem resposta.

"Dinheiro não tenho aqui. Mas serve esta minha roupa?"

E diante de olhos esbugalhados de espanto do pobre mendigo, com mais destreza e garridice que um modelo exibindo-se, Geraldo troca sua fatiota nova pelos velhos molambos e entrega, todo feliz, as vestes novas ao atônito mendigo...

"Que panos bons!... Só pode ser um doido... ou um santo!..."

Assim monologa o pobre mendigo, e enquanto isso, Geraldo comparece à presença do tio:

"Onde está a roupa que lhe dei?"

"Sabe, tio. Não se zangue! Eu dei a um pobre de Jesus Cristo mais precisado que eu... Se o senhor visse como estava quase nu!..."

Aí, o tio Provincial botou uma carranca severa, para esconder sua emoção. Naquela noite, durante o recreio da Comunidade, ele comentou com os irmãos:

"Pena que não tenha dois dedos de saúde! Que ótimo capuchinho seria!"

VIII
CRIADO DO SENHOR BISPO

Pediu o apóstolo São Paulo aos cristãos Tessalonicenses: "Vivam do seu próprio trabalho!" (1Ts 4,11).
E, como não foi ouvido, ele ordenou taxativo: "Quem não trabalhar, não coma" (2Ts 3,10).
Geraldo tinha uma profissão, era alfaiate, como seu falecido pai. E trabalhava, embora seu ganho fosse pequeno, e comesse menos ainda. Mas a roda da vida o conduziu ao posto de criado de Sua Excelência Dom Cláudio Albini, bispo de Lacedônia. E, se a vida o conduziu ao posto de criado, camareiro, faz de tudo ou quebra-galho... para Geraldo pouco importa. Ele está pronto ao que der e vier, contanto que esteja servindo a Deus.
Foi uma experiência penosa. O senhor bispo era zeloso pastor, sábio e muito bom canonista, mas de um gênio insuportável. O cargo de criado naquela casa era fonte de inesgotáveis fofocas e picuinhas que rolavam por Lacedônia inteira.
— *Fale-me algo sobre esta cidade!*
Lacedônia é uma pequena cidade nos limites das províncias da Campânia e Apúlia. Situa-se em região rochosa a uns setecentos e trinta e quatro metros acima do nível do mar. Hoje, conta uns seis mil habitantes. Na época de que falamos, não tinha mais de uns mil e quinhentos, na maioria camponeses.
— *O que acontecia? Epidemias, pestes?...*
Terremotos, como soem acontecer, frequentemente, nestas regiões dos Apeninos...

Mas vamos dar umas voltas pelas ruas da Lacedônia do tempo de Geraldo, para ouvirmos as "novidades":

"Só mesmo um santo pode suportar um homem assim".

"E, olhe lá, que seja grande santo, senão..."

"A cada volta da lua o bispo muda de criado."

"Por dez léguas nesta cercanias, aposto que não encontrará mais um pretendente. O bispo já despediu todos os possíveis."

"E é para se admirar?! Aquela casa vive em trovoadas, relâmpagos e raios."

"Fosse só por isso! Dizem que o patrãozinho tem a mão leve e bate mesmo."

"E tudo por um dá-cá-aquela-palha."

"Um dia é a sopa que está quente demais; noutro é a água para sua Excelência se barbear que está muito fria. Quem suporta isso?"

"De uma vez, é porque as obrigações se fazem muito depressa... estão malfeitas!"

"Doutra, é porque é uma lesma e não desenvolve serviço algum!"

"Filho meu é que lá não pisa. Aquilo é lugar só para condenado!"

Mas Geraldo aceitou consciente e deliberado o posto. As asperezas de caráter de Dom Albini pouco o intimidavam. E, assim, num belo dia, voou esta notícia pelos chafarizes de Lacedônia:

"O senhor bispo arranjou um novo criado!"

"Ah! Coitadinho, não sabe o ninho de cobra onde veio cair!"

"Não vai durar mais que uma semana!"

Mas Geraldo ficou.

Em breve sua solicitude e bondade transformaram o palácio episcopal num remanso de paz e piedade. Seu espírito de serviço, seu devotamento, sua obediência, foram ganhando corações. É grande sua felicidade, só de pensar que mora debaixo do mesmo teto que Jesus sacramentado. E passa todo o tempo disponível na capela particular do senhor bispo. Na verdade, era isso que ele tanto desejava encontrar na vida religiosa de um convento.

– *E as impertinências de Dom Albini?*

Sua paciência será maior. Em tudo ele imitará o seu Jesus, outrora, diante de Anás e Caifás.

— *Mas como aconteceu este emprego?*

Dom Cláudio era murense, mas provavelmente não conhecia este seu conterrâneo. É possível tê-lo contratado por informações que obteve. Aliás, Muro, em peso, não se cansava de tecer elogios às qualidades de Geraldo.

— *Entendo. Para o bispo era mais uma tentativa de resolver um problema renovado a cada mês com a despedida de um criado. E, pelo visto, problema que estava ficando de difícil solução, devido à má reputação do patrão e à fama de suas rabugices.*

E foi assim que, num dia de 1741, com diminuta bagagem, Geraldo abraçou a mamãe Benedita e suas irmãs, já moças feitas, e viajou uns quarenta quilômetros para o norte. Seu destino: Lacedônia, na toca da fera chamada Dom Cláudio Albini.

— *Uma vez lá, ele envergou a libré episcopal, um fardão bordado como dos recepcionistas de cinema, ou se contentou com a veste da gente do lugar?*

Não sei. Mas, possivelmente, trajou-se como era costume dos criados de paços episcopais da época: calções pretos de veludo, meias brancas, camisa marrom e colete verde.

O que não se ouviram mais foram as proverbiais explosões de cólera de Dom Albini. Tão pouco se repetiram as "histórias horripilantes" dos criados que antecederam Geraldo ao posto de criado do senhor bispo. Muitos ouviram-no dizer:

"O senhor bispo gosta de mim, e, de boa vontade, viveria aqui pelo resto de minha vida".

Mas, se pudessem, as paredes do palácio contariam o devotamento, a paciência, os jejuns, as noites passadas em adoração na capela do senhor bispo, as flagelações deste moço de dezesseis anos de idade, calmo, silencioso, manso, acanhado, sorridente, pálido e tão magro, quase esquelético... e que cativou os corações de todos os lacedonienses que o chamavam carinhosamente de "Gerardiello" (Geraldinho). Quem não gostou do aspecto físico de Geraldo foi o Dr. Lamorte...

— *Cruzes!... Isso é nome de médico ou já é mesmo um agouro para os pacientes?...*

Nome é nome, meu caro. Deixe isso para lá! O médico suspeitou que Geraldo incubasse uma tuberculose, doença mortal naqueles tempos, e resolveu examiná-lo:

"Não sentes nada, Geraldo?"

"Nada, doutor. Eu me sinto é muito bem!"

O Dr. Lamorte não acreditou. Auscultou-o e descobriu o seu torso... um cilício de agudas pontas!

– *Mas conte-me o caso da chave encontrada pelo Menino-Jesus! Vamos lá!*

Geraldo devia buscar a água, para a serventia no palácio, na cisterna pública da praça. Naquele dia, o senhor bispo estava ausente. Ele fechou a porta, colocou a chave no bolsinho do colete, pegou a vasilha e... ao inclinar-se descendo o balde, a chave voou-lhe do bolso para o fundo do poço!...

"Desastrado que sou!..."

Os curiosos acorrem. Que foi? Que não foi?...

"Desta vez te enrascaste, Geraldinho!"

"O que vai dizer o coitado do senhor bispo?"

"Nem quero imaginar. Mas ele vai ficar é uma fera, vai ter um ataque, mas és tu, Geraldinho, que terás febre... porque agora ele vai te bater mesmo!"

Geraldo recolhe-se por um instante. Seu semblante revela o descontentamento de sua alma, mas foi só por um momento. Tudo se passou como se um raio de luz lhe iluminasse o rosto, um sorriso ligeiro pespontou-lhe nos lábios. Ele sai às pressas na direção da catedral.

– *Para a catedral? Por que não vai às dependências do palácio buscar uma escada?*

E escada para quê?! Já se viu alguém descer ao fundo de um poço como este por meio de escada?!

– *Ou uma vara de anzol para pescar a chave...*

Mais fácil seria achar agulha num palheiro! Geraldo tem os seus recursos que nem sempre se identificam com os nossos. Ei-lo que volta da catedral, seguro e confiante, trazendo junto ao peito... uma pequena imagem do Menino-Jesus. Desamarra o balde, amarra na ponta da corda a imagem, e com aquela confiança de velhos camaradas em Capodigiano, vai lhe dizendo:

"Olhe, só Você pode me tirar deste aperto agora. É preciso encontrar a chave. O senhor bispo ficaria muito contrariado..."

Roda o sarilho e desce a imagem até o fundo do poço. Aguarda um instante e vai puxando-a em meio aos rostos curiosos – há sempre muita gente rodeando pelas ruas das cidades italianas – e que prendem a respiração... Ei-la que aparece à flor d'água... e o que é mais, com a chave numa das mãozinhas! Todos gritam:

"Milagre! Milagre! O Menino-Jesus trouxe a chave!"

E a nova corre de boca em boca.

– *E Geraldo?*

Apanha sua vasilha d'água com uma mão e com a outra aperta ao peito a pequena imagem do Menino-Deus e retorna ao palácio do bispo. Que havia de extraordinário!?... "Pedi e recebereis", disse Jesus.

Os lacedonienses é que ficaram mudos de espanto. "Pozzo di Gerardiello" (Poço do Geraldinho) ainda existe em Lacedônia e guarda a lembrança do fato.

– *Foi o único milagre de Geraldo em Lacedônia?*

Se excetuarmos, é claro, os três anos de serviço e dedicação a Dom Albini. Pelo gosto de Geraldo estes três anos se estenderiam por trinta ou até pelo resto da sua vida. Mas, em 30 de junho de 1744, subitamente, Dom Cláudio Albini faleceu.

Em toda a Lacedônia, sem dúvida, foi Geraldo o único que chorou com sinceridade:

"Eu gostava dele", dizia. "Foi um pai para mim."

Terminadas as exéquias de Dom Albini, Geraldo teve de deixar seu "convento" em Lacedônia e voltar para mamãe Benedita.

– *Ah! E que tinha sido feito dela?*

Vivia sozinha, não mais na casa do Pianello, onde Geraldo nascera. Talvez morasse agora num pequeno barraco alugado nos arredores de Muro, provavelmente, no lado oposto ao "Pianello", junto da estrada para Potenza. Suas três filhas: Brígida, Isabel e Ana já tinham se casado.

– *Seu rapaz seria, então, muito bem-vindo.*

E lá, a algumas centenas de metros da pequena casa de sua mamãe, Geraldo tinha agora a Igreja de Nossa Senhora do Socorro para substituir Capodigiano!

IX
ESPERANDO A HORA DE DEUS

Geraldo voltou, então, a Muro para recomeçar tudo. E recomeçou, com redobrada veemência, a resolução de consagrar-se totalmente a Deus, na vida religiosa. Por isso, foi logo bater à porta dos capuchinhos, em seu Noviciado, junto à entrada para Castelgrande.

– *De novo?*

"As condições, agora, são outras."

Assim pensava ele. Já está com dezoito anos e não é mais um adolescente. Ganhou experiência, e o trabalho na casa do senhor bispo de Lacedônia provou que magreza não é doença nem sinal de fraqueza.

– *E o tio Boaventura?...*

Não seria mais empecilho. Deixou de ser o provincial dos capuchinhos da região, fora transferido para Roma, onde se ocupava dos interesses de sua ordem e dos da Igreja.

Então, Geraldo, confiante como sempre, vai bater, mais uma vez, às portas de São Francisco. E recebe nova negativa:

"Muito pálido, filho! E que magreza espantosa! Não, não pode servir para nossa vida. Desista, filho!"

Com os farrapos de um belo sonho desfeito, Geraldo, mais uma vez, volta à casa de mamãe Benedita.

– *Sonho desfeito?*

Isto é, o sonho de tornar-se capuchinho desfez-se, mas seria desconhecer Geraldo pensar que ele iria desanimar. Ele intuía outros planos de Deus a seu respeito.

Sua aparência podia só ser pele e osso, mas era dono de uma vontade de aço. Os conventos e mosteiros fechavam-lhe suas portas!... As grutas não as têm!
– *Tentará viver como ermitão?*
Exatamente.
Persuadiu um companheiro a tentarem juntos este gênero de vida. E, num belo dia, com um "regulamento" feito por ele mesmo, internaram-se pelos socavões dos Apeninos. Quem conhece um pouquinho Geraldo não se admira que o tal "regulamento" só falasse de potências, de vigílias, orações e silêncio.
– *E onde iriam morar, as coisas de uso pessoal como roupas, alguma provisão de alimentos?...*
Ora, nem pense nisso. São coisas que só atrapalham a gente na caminhada. Não valem um pensamento!...
Conforme o "regulamento", uma gruta qualquer lhes serviria de casa, e a alimentação seria de: ervas amargas, raízes e... frutas do mato... há tantas por toda parte... quem não sabe!?... E a corda arrebentou-se deste lado precisamente. O companheiro mal aguentou as primeiras vinte e quatro horas para voltar "arrependido" a Muro. Já o "fundador", mais calejado em matéria de jejuns e penitências, só aparecerá lá pelo quarto dia. Não que tenha renunciado. A fome de Deus na santa comunhão foi quem o trouxe de volta. Aliás, esta volta para comungar estava prevista no "regulamento". Mas ele foi confessar-se, e o confessor, a par da "maluquice", proibiu-lhe, sob obediência, continuar com uma tal vida.
– *E para Geraldo a obediência falava mais alto...*
Mais uma vez, feliz como sempre por entender que estava fazendo a vontade de Deus, veio abrigar-se sob o teto de dona Benedita.
– *Nem capuchinho, nem ermitão!*
Porém, a resolução de ser totalmente de Deus saiu mais fortalecida. No entanto, retoma seu ofício de alfaiataria. Para retreinar-se, passa um ano com o mestre Mennonna, na qualidade de oficial. Depois abre sua alfaiataria, muito modesta, e junto à casa da velha mãezinha.

– *Mas aí ele poderia trabalhar na hora que quisesse, pois era tudo: contramestre, mestre, oficial e aprendiz.*

Na verdade, alfaiate ambulante era o que ele era. Muitas vezes, ia para as localidades da região montanhosa para os lados de Castelgrande, onde sua fama de homem honesto e bondoso o precedera.

– *Essa é boa. Alfaiate a domicílio...*

E foi mesmo. Os pobres pagavam pouco ou nem pagavam. Do que recebia de clientes mais bem situados na vida, fazia três partes: uma entregava à mamãe Benedita para os gastos da casa, a outra era distribuída em esmolas aos pobres e mendigos, e com a terceira mandava celebrar missas para os falecidos.

– *Nem pensava no "dia seguinte"?*

Era esta também a preocupação de dona Benedita: o futuro de Geraldo. Toda vez que ela tocava no assunto, ouvia invariavelmente:

"Não se preocupe, mamãe! De nós o bom Deus cuidará".

Geraldo precisava de muito pouco na vida. Comia tão pouco que mais parecia viver de jejuns. Mamãe Benedita insistia:

"*Coma, meu filho!*"

Por resposta recebia a velha cantiga de sempre:

"Não tenho fome, mamãe".

– *Teria ele recebido de Deus, como dom especial, não sentir fome?*

Acho que não. Por certo, sentia o aguilhão da fome como qualquer outro... Penso que dormiria bem melhor num colchão macio sobre a terra nua, e seu estômago aproveitaria bem dos bons alimentos que, porventura, ingerisse em vez de ervas amargas. E a prova é: quando dona Benedita, usando sua autoridade, o obrigava, sob obediência, a se alimentar, ele, receando desobedecer a vontade de Deus, comia com grande apetite. Isso provam as testemunhas. A razão de seus jejuns e abstinências deve ser procurada no seu amor a Jesus Crucificado, junto ao propósito efetivo de imitá-lo sempre. A convites para comer na casa de vizinhos, ou nas aldeias por onde andava trabalhando como alfaiate, ele respondia:

"Obrigado, já almocei!"
Ou então:
"Trouxe aqui uma merenda na sacola".

De fato ele levava, costumeiramente, um bornalzinho pendurado no ombro e onde se supunham estar suas provisões de boca. Dona Eugênia Pascal pediu-lhe, certo dia, por curiosidade:
"Geraldo, deixe-me ver isso aí!"

Ele passou-lhe o bornal sem graça, e dona Eugênia encontrou lá dentro... uns raminhos ressequidos de algumas ervas!

"Mas por que anda carregando estas porcarias, Geraldo?"

"É bom para a saúde, dona Eugênia, e a fome passa tão logo a gente mastiga estas plantinhas..."

Dona Eugênia as provou. Fez uma careta e cuspiu logo. Eram realmente de fazer passar o mais faminto apetite de tão amargas!

Estas eram as provisões "alimentícias" de nosso Geraldo. Mamãe Benedita repetia, entre feliz e desolada:

"Meu Geraldo não nasceu para este mundo; ele é um filho do Paraíso".

Mas Geraldo era um cidadão da terra, e na terra os homens organizam a vida em sociedade e... intrometem-se na vida dos outros.

Assim, em 1746, um decreto do reino de Nápoles agravou pesadamente o imposto sobre o comércio e imóveis. As pequenas oficinas e casas comerciais foram simplesmente apagadas do mapa...

– *Já ouvi esta música. Tais procedimentos dos governantes não são de invenção recente...*

Pois é... A alfaiataria de Geraldo teve de se curvar ao destino dos pequenos: foi fechada. Mas, em princípios de 1747, Geraldo achou um emprego de alfaiate junto a um seu compatriota: "seu" Lucas Malpiede.

– *Vai ver que será mais um "passo" maldado. O nome é agourento...*

É. Não deu outra. Este Malpiede abrira um colégio interno de curso secundário, em San Fele, distante cerca de dez quilômetros de Muro, e prometia a Geraldo um paraíso terrestre na qualidade de alfaiate do estabelecimento...

– *Já sei. Foi um inferno que Geraldo topou por lá!*

Ora se... O internato de Malpiede era modelo de... anarquia e indisciplina. Os "dignos" escolares fizeram do pobre alfaiate o alvo de suas perversas travessuras. As malvadezas foram sem conta: surravam-no a relho e com varas, davam-lhe pontapés... E, como era de se esperar, o "digno" diretor do colégio nem reagia, talvez porque seu posto melhor fosse entre os varais de uma carroça pelas ruas do que conduzindo uma casa de formação para adolescentes. Daí que ele mesmo secundava seus "dirigidos", sem o menor escrúpulo, com toda sorte de brutalidades e maus-tratos.

Mais tarde, estes malvados, com grande confusão, proclamaram que não somente a paciência de Geraldo permaneceu sempre inalterada, mas até que ele jamais perdia o sorriso característico de seu equilíbrio pessoal.

– *Como explicar a alegria e o equilíbrio emocional em meio a tantos maus-tratos e humilhações?!...*

X
PAZZERELLO

– *Que é isso agora de* Pazzerello?

Em italiano, a palavra "pazzo" significa louco, doido, amalucado, maníaco, lunático. Pazzerello é um diminutivo, e você vai entender daqui a pouco.

Geraldo deixara de ser aprendiz-alfaiate de Martinho Pannutio, não era mais oficial de Mennonna, era mestre Majela! Um mestre sem oficina, contramestre, oficiais ou aprendizes, mas afinal um mestre! Dono de seu tempo, e mestre de sua vida. E ele soube aproveitar-se desta situação dando largas à sua piedade. Ajudava tantas missas quantas podia na catedral ou na Igreja de Nossa Senhora do Socorro, onde o duque de Gravina, como era costume, então, mantinha nove padres para o atendimento dos fiéis. São desta época os retiros fechados de dois ou três dias na Igreja do Socorro. As provisões que ele levava já são nossas conhecidas: o bornal com um pedaço de pão dentro, uma disciplina e ervas amargas. Lá passava até noites inteiras em colóquios com seu "Amigo" Jesus, "O Divino Prisioneiro do Tabernáculo", como ele o chamava. Tinha de fazer-se violência para se arrancar dos pés do altar e ir ganhar seu pão de cada dia. Mas compensava a ausência diurna com as horas da noite. Até conseguir uma maneira apropriada de entrar na igreja para as suas vigílias noturnas, ele as "assaltava" escalando a torre, entrando pelos janelões dos sinos, descendo pelas escadas estreitíssimas e indo direto para junto do Santíssimo Sacramento, onde se prostrava e permanecia horas a fio.

– *E qual foi esta maneira apropriada que ele conseguiu?*

O cônego Tirico, um meio-parente seu, era o responsável pela sacristia da catedral e cedeu-lhe, após bastante relutância, uma chave da mesma.
– *Compreensível esta relutância, pois não?*
– Do ponto de vista do sacristão, sim.
Uma vez lá dentro, Geraldo ia para os pés do altar e abismava-se na contemplação das verdades cristãs. Para ele, as horas intermináveis junto ao Santíssimo Sacramento voavam num átimo. Rezava, cantava baixinho, por vezes se flagelava nos ombros com uma disciplina até o sangue escorrer. O tempo parava ou ele nem se dava conta dele, entretido com seu "Amigo" Jesus. Algumas vezes, vencido de cansaço, adormecia por breves instantes sobre um banco, ou caía nos próprios degraus do altar, para logo voltar a si e a seus inefáveis colóquios com Jesus Sacramentado.
– *Já li que o demônio fazia investidas para afastá-lo dali...*
Senão!... Das trevas da igreja, muitas vezes, surgiam visões aterradoras, uivos de lobos ou de cães, ou inexplicavelmente caíam sobre Geraldo castiçais e outros ornamentos do altar.
– *Explicável explosão da raiva impotente do "mestre da perdição" contra este adorador noturno.*
E que nada conseguiria diante desta muralha de aço, que era a vontade de Geraldo. Mas ele recebeu consolações também e que só revelou, sob obediência, pouco antes de morrer.
– *Conte como foi...*
Certa noite ele escutou, vindo do Sacrário, uma voz suave "como a cantiga de uma mãe debruçada sobre o rostinho adorado do filho adormecido":
"Pazzerelo (louquinho), que fazes aí?"
E Geraldo, embriagado de felicidade, com aquela familiaridade dos velhos tempos de Capodigiano, responde:
"Meu Senhor, será que sou doido, porque os moleques me tratam assim ou me desprezam como desprezaram também a ti? Mas espera, Senhor. Há aqui um louco e que entende melhor de loucuras que eu, aliás. Ele é o "Mestre dos Loucos", o "Amigo dos Doidos" e o "Modelo incomparável dos Malucos". Este maior "Louco" és tu, Jesus! Veja bem: nasceste numa manjedoura, viveste escondido e desconhecido

quase toda a tua vida, foste preso, flagelado, coroado com espinhos e crucificado... Ah! Antes disso, Herodes te revestiu com a roupa branca dos doidos, não foi?!... E eu é que sou doido, é?... Mas estou na melhor companhia: estou com o "Doido dos Doidos". Morreste por amor de mim, antes mesmo que eu existisse! Pregos nas mãos, pregos nos pés, o lado aberto por uma lançada, e, ainda agora, ficas aí neste sacramento, no qual te rebaixas a ser uma migalha de pão, quer dizer, só um pouquinho mais do que nada! E és o Deus dos céus! Isso sim é loucura! Loucura, estás ouvindo, Jesus? Rematada loucura de um Deus! Que importa que eu seja louco? Tenho um bom mestre..."

Ser tido por "louco como o seu Deus" foi o desejo de Geraldo.

Quando completou doze ou treze anos, ele ganhou de presente do tio frei Boaventura o livro do capuchinho Frei Antonio d'Olivari: *Ano doloroso ou Meditação para todos os dias do ano sobre a Paixão de Nosso Senhor Jesus Cristo*. Dali por diante, com o coração abrasado e a alma dorida de compaixão, ele acompanhou cada "passo" da Paixão de Nosso Senhor. De caráter veemente-emotivo, ele se esforçava por retribuir amor com amor, gota de sangue derramado com gota de sangue derramado. Seu desejo era o de experimentar, em sua pessoa, os tormentos por que passou Jesus. Por exemplo, no dia 19 de julho, ele podia ler no seu livro: "Contempla o que sofreu o teu Senhor nos tribunais, desprezo, ultrajes, zombarias, pisado por todos e tido por nada, infamado e tratado como louco. Eis o que deves procurar: desprezo e humilhações".

Ser tido por louco e desprezado foi, desde então, o sonho de Geraldo. Bem entendido: – por amor e para imitar o seu adorado Jesus que, por ele, foi escarnecido pelo populacho de Jerusalém, sob aquela túnica branca, sinal de loucura, com que Herodes o revestira. Daí que tomou a resolução: seria "o louco de Muro". E, para conquistar esta reputação pôs mais empenho e ambição do que alguém que almejasse o posto de duque de Muro.

– *Então, lembre-se de algumas de suas "maluquices"!*

Não lhe foi muito difícil conseguir a fama de: "louco de Muro". A molecada cooperava: chicoteavam-no, arremessavam-lhe lixo ou lama na cara, davam-lhe pontapés.

Escusado dizer que Geraldo não reclamava, e a canalha rueira a reinar mais malvadezas. Arrastavam-no na poeira ou na neve, cusparadas no rosto e gritos à sua passagem:

"Olha o doido! Lá vem o doido!"

Geraldo sorria, mas seu espírito estava longe, seguindo o seu Mestre nas ruas de Jerusalém, como recordava ter lido no seu livro: *Ano Doloroso*. Ele chegou até a pedir-lhes que o maltratassem...

– *E o fizeram?*

Foi na estrada poeirenta para Castelgrande. Geraldo propôs:

"Vamos brincar de arrastar tora!"

E a molecada:

"Como é que é, Geraldo? É divertido?..."

"Venham! Vocês vão se divertir muito. Peguem esta corda aí. Amarrem os meus pés! Assim! Bem apertado! Agora eu sou uma tora de lenha e vocês vão me puxar... Será divertido..."

E ele se joga no chão, deixa que o amarrem, enquanto sonha com pregos e cruz, e anima os moleques:

"E agora força, moçada!"

E a malta endiabrada arrasta-o por pedregulhos, pedras desiguais, em meio à mais infernal das gritarias. A pele rasga-se aqui e acolá. Em pouco tempo seu corpo sangra-se todo e as manchas de sangue vão pontilhando o leito do arrastro...

– *Cruzes: Que brincadeira mais besta!... E os "algozes" não se penalizavam?*

À vista do sangue, muitos tentavam fugir do mal feito, mas era Geraldo quem os encorajava:

"Vamos lá, minha gente! A brincadeira ainda não acabou!"

Certamente pensava:

"O pobre Jesus muito mais sofreu por mim".

Com o sangue escorrendo, os "carrascos" entravam em pânico, mas, encorajados por Geraldo, continuavam a sessão de arrastamento daquele corpo esquelético.

Numa noite destas, sangrando ainda, foi Geraldo fazer sua guarda de honra noturna junto ao Tabernáculo e ouviu, novamente, ali na penumbra da igreja, aquela voz mansa e ternamente censurativa:

"Meu doidinho! (Pazzerello mio!) Que anda fazendo, meu louquinho?"

Ao que Geraldo rebateu:

"E é o Senhor quem me chama de louco, hein? Aprendi a lição com o Senhor, meu Deus!"

No seu livro *Ano Doloroso*, ele encontrou este pormenor: "Jesus foi flagelado por ele".

E forjou logo um plano de ser flagelado por amor de Jesus.

Persuadiu dois companheiros a prestar-lhe este favor. Felix Farenga fazia-o por amizade a Geraldo, já Francisco Malpiede aproveitava para dar "uma lição" nesse "aluado" sem juízo. Os "algozes" batiam nas espáduas descarnadas com um chicote feito de cordas trançadas e molhadas n'água. Quando sentiam aqueles ombros esqueléticos estremecendo sob um golpe mais forte paravam, e Geraldo afastava-lhes os temores:

"Batam, sem receio! Mais que isso eu mereço!"

O sangue acabava inundando o corpo todo e só então cessava a flagelação. Mesmo Malpiede, por malvado e zombeteiro que fosse, acabou compreendendo que aquilo excedia os limites de uma brincadeira, como Geraldo lhes queria fazer crer, e retirava-se pensativo e arrependido. O "pretório" destas flagelações era ou o fundo de um quintal, ou uma gruta, ou até numa praça, pois Geraldo queria ser reconhecido como "o louco de Muro". A intervenção rigorosa do confessor, obrigando-o, sob obediência, é que pôs fim a tais "loucuras".

– *E em boa hora, penso eu.*

Mas, já em 1749, surgiu uma ocasião que Geraldo não deixaria escapar. Uns jovens meteram na cabeça a ideia de representarem na catedral de Muro alguns "passos" da Paixão do Senhor. Repartiram-se os papéis, segundo o gosto e o talento de cada participante. Para o papel de soldados romanos, algozes, santas mulheres, e outros, havia muita procura... Alguns Pilatos, centuriões e guardas tiveram de ser recusados. Para o papel do Crucificado é que não aparecia candidato... Porque no "script" constava uma bofetada, algumas chicotadas e... três horas amarrado numa cruz!...Não; isso era demais para os jovens murenses.

– *Já adivinho o que aconteceu: Geraldo, sabedor do que estava acontecendo, candidatou-se ao papel e salvou o espetáculo...*

Adivinhão! Não deu outra.

Geraldo ficou feliz da vida por ser aceito para o papel. Na hora de montar o "quadro vivo", ele serenou os ânimos:

"Podem bater-me mesmo, não precisam fingir! Parecerá mais expressivo, e até poderá converter alguém precisado..."

E o escrúpulo não é virtude de "carrasco".

– *Afinal não era ele "o louco de Muro"?*

Na sexta-feira santa, quando tudo ficou pronto, as grandes portas da catedral foram abertas para a multidão de fiéis que, impacientes, aguardavam a cerimônia. Lá no meio do povo estava mamãe Benedita que, de nada suspeitando, viera rezar também, e ver "os passos" representados pelos jovens. Mas, quando seus olhos bateram naquele "crucificado" (o seu Geraldo!) tão pálido, desfeito, verdadeira imagem da dor e da agonia, a pobre mamãe não aguentou e caiu desmaiada. A multidão rompeu em lágrimas. Mas parece que só o crucificado não sofria, senão isso, não poder imitar mais perfeitamente seu "Amigo" Jesus na cruz...

Mas vejo que você balança a cabeça desaprovadamente.

– *E você acha que Deus quer isso de nós?*

De todos, especialmente os medíocres como eu e você, certamente que não. Tal procedimento de chegar à imitação, mesmo material, dos atos de Jesus, só pode provir de uma inspiração pessoal e como fruto de uma vocação bem singular, como foi o caso de Geraldo.

Agora, quer aprovemos ou não, nosso amigo Geraldo foi assim. É o que atestam os documentos originais, que foram recolhidos em vista de sua beatificação, e que se acham guardados na Casa Generalícia dos Redentoristas, em Roma, e são dignos de credibilidade. Doutro lado, temos de levar em conta a espiritualidade da época, fortemente centrada na imitação dos passos de Jesus Cristo e o contexto de religiosidade popular em que viveu Geraldo, sem esquecer--nos de que ele era um italiano do sul da Itália, e de caráter emotivo--veemente, por isso, incapaz de contentar-se com meias atitudes.

De resto, concordo que tais procedimentos dos santos amigos de Jesus são antes para serem admirados que imitados por nós, o comum dos mortais.

XI
"NOIVADO"

— *E vai me dizer agora que São Geraldo ficou noivo!...*
Ficou.
— *De quem?*
Da Imaculada, Mãe de Nosso Senhor Jesus Cristo, a quem ele carinhosamente chamava a sua "Madonna", isto é, a *Senhora* por excelência.
— *Bom; assim já era de se esperar...*
E você imaginou outra noiva?
A "madonna dos pãezinhos brancos de Capodigiano" que ele não tardou a identificar como a Mãe de Jesus, seja figurada na "Imaculada" da catedral, seja na "Senhora do Socorro" da igreja, perto da casa de sua mãe, foi o outro grande amor de sua vida.
Quando ainda era menino, certo dia, mamãe Benedita deu--lhe a mais grata notícia:
"Geraldo, amanhã nós dois iremos visitar Materdomini (a Mãe do Senhor) em Caposele".
— *Caposele?*
Originariamente "Capo di Sele" e que significa: *"cabeça do Sele"*. Hoje é uma cidade. Naqueles tempos não passava de vilarejo em um vale das cabeceiras do rio Sele, junto ao monte Paflagone.
A capelinha da *Mãe do Senhor* erguia-se solitária a cavaleiro do pequeno burgo e do vale, a meio caminho das cumeadas de Teora, como luzente almenara, postada a uns seiscentos metros de altitude, aclarando às gentes do vale o rumo do infinito. E

para lá acorriam as multidões de toda a província do Avelino e vizinhanças.

– *E como foi a peregrinação de mamãe Benedita e Geraldo?*

Eles partiram cedinho, de Muro, junto a alguns outros romeiros. Os trinta quilômetros foram percorridos como num voo de andorinha, sobre aquelas serranias. Não sabemos quanto tempo gastaram na caminhada. Enfim, cansados, mas alegres e felizes, prostraram-se aos pés da pequenina imagem da *Mãe do Senhor*, tendo antes percorrido as catorze estações da Via-Sacra, que bordejavam o sendeiro, que levava do arraial de Caposele à capela de Materdomini.

As horas de prece voavam céleres. De repente, Geraldo cessou de dialogar a oração com mamãe Benedita.

– *Estaria em êxtase?...*

Que mamãe Benedita nos diga!

"Olhei para ele e me pareceu fora de si, enlevado num arroubo. Sacudi-o, coloquei-lhe água nos pulsos e na fronte... mas ele não estava doente. Tudo me diz que ele 'conversava' com a Mãe de Deus."

– *E o que teria dito a Mãe de Deus?*

Talvez que lhe revelasse naquele momento o futuro daquela humilde capelinha, isto é, que tornar-se-ia a majestosa Basílica "Deiparae ac Divo Gerardo" (consagrada à Mãe de Deus e a São Geraldo), como se pode ler, hoje, na placa dedicatória, onde os nomes de Geraldo e da Mãe de Deus estão unidos, assim como unidos estão nas preces dos milhares de peregrinos do mundo todo, que vão lá visitar Maria, a Mãe de Deus, e Geraldo, inseparáveis.

Mas os anos se passaram e Geraldo chegou aos vinte e um anos de idade.

– *Idade dos sonhos e da preparação para o futuro...*

Entretanto o filho de dona Benedita não frequentava as casas dos vizinhos com filhas casadoiras. Ele não tinha uma namorada como os demais moços costumam ter nesta idade.

Todas as tardes, invariavelmente, lá ia ele visitar o seu divino "Amigo", o "Prisioneiro do Tabernáculo", como gostava de dizer.

A Senhora Maria Mennonna conta que conseguiu levá-lo, uma vez, a um baile.
– *E aposto que se arrependeu!*
Então atenção! Muita atenção dos que desejam libertar-se dos encantos de Terpsicore! Aí vai uma receita mais curta e eficiente, e também mais radical, que a de São Francisco de Sales no capítulo 31 da 3ª parte de sua "Vida Devota": colocar um punhado de tachinhas dentro dos sapatos antes de começar a dançar!...
– *Cruzes! E quem vai aguentar?*
A receita é de Geraldo que a aplicou em si mesmo. Talvez foi a única vez em que foi experimentada, mas com efeito surpreendente: rastros de sangue marcaram os passos deste bailarino... Por mais descontraído que fosse o ambiente...
– *Não disse que Maria Mennonna é quem iria "dançar"? Quem aguentaria?*
Como ele conseguiu voltar para casa não se sabe. Sabe-se que Geraldo jamais pensou em casar-se. Mas nas cidadezinhas (e a Muro de São Geraldo não seria exceção!) a vida de cada um é controlada. A turma das fofocas andava atenta. A curiosidade e a bisbilhotice aumentavam acerca das "pretensões do filho de dona Benedita":
"Moço ótimo, daria um bom marido..."
"Pobre, mas um partidão para qualquer moça de mais juízo..."
"Mas casa? Não casa?"
Há pessoas que são incapazes de ver o futuro de uma vida senão sob o prisma do casamento, e como eles se casaram, acham que todos têm de se casar também. Por isso, as línguas matraqueavam:
"Ei, Geraldo, quando vai ser o casório?..."
"Geraldo, não me esqueça para a festa, ouviu?"
Ele sorria, sonhador:
"Calma gente, estou noivando-me".
"Com quem, Geraldo?"
"Ainda não vou dizer."
"E ela é bonita?"

"Lindíssima, e de alta nobreza."

Com isso, a curiosidade se aguçava mais ainda, que pretendia o filho de dona Benedita? Com quem se casaria?...

Foi talvez no terceiro domingo de maio de 1747 ou 1748... a data precisa importa pouco, mas o fato, sim. Muita gente na catedral. Os fiéis apinhavam-se defronte a imagem da "Imaculada", trazida do seu nicho no altar e colocada no andor, pois haveria procissão.

Geraldo, de joelhos, olhos fixos na imagem, rezava fervorosamente. Seu rosto vermelho contrastava com a palidez habitual. Num momento, ele se ergue, rápido, aproxima-se decidido da imagem e, num gesto de puro cavalheirismo, tira do dedo um anel que trazia e coloca-o nos dedinhos da imagem e proclama bem alto:

"Estou noivo da Madonna".

Noivado assim a catedral de Muro jamais reviu. E foi o comentário pelas ruas!...

XII
"TRAVESSURAS" DE GERALDO

Se quisermos entender Geraldo temos de recolocá-lo no ambiente em que viveu, isto é, no reino de Nápoles do século XVIII.
– *E fazer isso, como?*
Levando-se em conta que Geraldo provém de um povo alegre, afetivo, cheio de sentimentos e dotado de grande familiaridade e cortesia. Ontem, como hoje, as populações dos Apeninos, Apúlia e arredores de Nápoles, são assim.
– *Não esqueçamos o Espírito Santo e seus dons!...*
Certo, pois, infelizmente, muitos "cristãos" não se guiam mais pelo Espírito de Deus.
– *E o resultado aí está: a caminhada de muitos é como um remar contra a corrente. Só um doloroso "purgatório" para aperfeiçoar muitas vidas.*
Sem querer julgar quem quer que seja, percebo que as pessoas que se santificam são bem pouco compreendidas. Há sempre uma tentativa de "entender" os santos enquadrando-os em nossas medidas racionais e humanísticas: Sempre procuramos torná-los mais "razoáveis", mais "aceitáveis", mais "terra a terra", para não dizer, mais "terrestres", mais "encarnados" ou mais "carnais", mais a nosso "gosto"...
Entretanto, a vida dos santos é sempre à luz do Espírito Divino. Por isso, estão sempre se aperfeiçoando cada vez mais. O Espírito de Deus, encontrando docilidade, age livre e poderosamente como benéfica ventania empurrando-lhes o barquinho da vida para as praias da felicidade eterna. Levados por este *Vento do Céu*, incendiados por este *Fogo*, em suas vidas não se distinguem

mais onde terminam os limites da terra e começam os do céu. É a *vida mística* com seus momentos de oração extasiada, seus sacrifícios que tanto nos horrorizam, seus sofrimentos indizíveis alternando-se com as alegrias mais profundas e seus milagres...

– *Conte-me, então, algumas "travessuras" de nosso Geraldo!*

A fama dos prodígios operados pelo filho de dona Benedita corria pelos chafarizes de Muro, onde as mulheres se reuniam para lavar roupa ou buscar água.

De certa feita, nosso jovem amigo passava defronte à casa de um tal "seu" Giuliani e ouviu os gritos lancinantes de uma criança torturada por violenta dor. Sempre condoído de quem sofre, entra para se informar do que acontecia...

"É o meu Amato, Geraldo! Ele destroncou o braço na altura do ombro. Olhe aqui, como está inchado!..."

Assim explicou a mãe do garotinho, meio soluçando e com as lágrimas a pespontar-lhe dos olhos. E continuou:

"Esse martírio vai já para dez dias aqui em casa, Geraldo, toda vez que renovo o emplastro de cera e óleo..."

– *Que é isso de emplastro de cera e óleo?*

Maneira caseira de se tratarem, naquela época, as torções musculares, possivelmente o calor ou a imobilização diminuíam a dor das juntas deslocadas.

Mas Geraldo já consolava o garoto, passando-lhe a mão no ombro dorido e falando-lhe ternamente:

"Oh! Não há de ser nada, Amato! Não vai ser nada!"

Seu sorriso confiante infunde coragem. A criança para de chorar e se acalma. Geraldo se vai embora. Alguém testemunhou depois:

"Foi como uma brisa refrescante e que levou consigo toda dor, lágrima e sofrimento da pobre mãe angustiada e do seu pequeno filho".

Outro fato se passou com dona Manuela Vetromile. Ela estava indo para a Igreja de Santo Antônio. No rosto trazia pintada a imagem do sofrimento. Geraldo vem ao seu encontro e nota-lhe o profundo pesar:

"Que há, hoje, com a senhora, dona Manuela? Parece tão acabrunhada!"

"É a minha empregadinha, Geraldo. Ela está muito mal mesmo. Foi desenganada... está, lá em casa, morrendo... Eu gosto tanto dela, Geraldo... É uma filha para mim!... Vou ali pedir a Santo Antônio... Só mesmo ele para me valer..."

"Confiança em Deus, dona Manuela! Tudo sairá pelo melhor, garanto-lhe! Olhe, volte para casa, faça três cruzes sobre a fronte da doente... A senhora verá como vai melhorar."

Dona Manuela não duvidou. Deu meia volta e...

– *Esqueceu Santo Antônio?...*

Ora... os santos lá se entendem melhor que nós!...

Dona Manuela entrou em casa e fez o que Geraldo aconselhou, e, imediatamente, a mocinha ficou completamente curada!

– *Ou dona Manuela já conhecia a fama de Geraldo...*

Ou, mais provavelmente, o estimava muito para seguir-lhe o conselho. Todo mundo em Muro não o apodava de "louco"?...

Este outro fato deu-se numa construção em andamento num dos quarteirões de Muro, denominado *a Madalena*.

A um dado momento armou-se por lá uma confusão dos diabos; eram gritos, pragas, imprecações, blasfêmias, discussão, gestos apressados e nervosos.

Que acontecera?

As vigas vieram curtas da carpintaria e não davam de uma parede a outra...

"Quem o foi o burro do ignorante que serrou estas traves?"

"Quem deu as medidas deste jeito?"

– *Sim; quem era o responsável?*

Sei lá. Mas os gritos e xingamentos é que não encompridavam as "malditas" das traves.

Por felicidade vai passando por ali nada menos que o nosso Geraldo. Para. Fica escutando a balbúrdia. Escandaliza-se com as pragas, blasfêmias e imprecações. Percebe o descontentamento geral e o ambiente de praça de guerra. Aproxima-se sorrindo:

"Mas o que está havendo por aqui, boa gente? Por que estas blasfêmias?... Isso desagrada muito a Nosso Senhor... Ah!... Estou vendo! São estes barrotes que saíram curtos demais... Mas, não há de ser nada, minha boa gente! Confiem em Deus! Tudo se arranjará do melhor modo possível".

"Arranjar?... Essa é boa, Geraldinho! Arranjar aqui são outras vigas. Essas estão perdidas... erraram no corte, meu alfaiate..."

Outros cochicham:

"Já ouvi contar 'coisas' que este rapaz tem feito! Seria possível?!"

Para Geraldo a fronteira entre possível e impossível não é lá muito bem demarcada. Frequentemente, para ele, o impossível torna-se possível com a maior facilidade. Toca a madeira com suas mãos macias de alfaiate e diz confiante:

"Olhem aí! Experimentem de novo. É só para a gente ver..."

– *Mas os carpinteiros não haviam já experimentado tudo um cento de vezes, já viram e reviram tudo. Que mais havia para ver?*

É. Eles eram os mestres no assunto. Também estava claro como a luz do dia que as traves saíram curtas mesmo... Mas, afinal... era Geraldo quem dava o conselho... talvez um bobo alegre... mas todos gostavam dele. Não custava, pois, tentarem mais uma vez.

– *E o fizeram?*

Para encurtar conversa, ergueram as vigas. Uma depois da outra iam se encaixando todas, às maravilhas. Nem uma luva feita de encomenda sairia melhor! Nem um centímetro a mais, nem um centímetro a menos! Carpinteiros, pedreiros, serventes estavam embasbacados, bestificados com o que viam...

"Milagre!"

– Grita um.

"Milagre!"

– Ecoa de toda parte.

E, como bons italianos do sul, todos gritam e gesticulam, todos falam e explicam e ninguém ouve mais ninguém...

– "Milagre! Milagre!... Geraldinho... Geraldinho..."

– A essa hora, nosso gentil alfaiate já estava longe dali. Saíra apressado e sem darem por ele.

– *Talvez porque se lembrasse de que seu ofício era alfaiate e não pedreiro...*

As "travessuras" do Geraldinho, por muito tempo, eram contadas e recontadas nas noites de serão e de vizinho para vizinho.

XIII
RAIO DE ESPERANÇA

Estamos no mês de agosto de 1748, e um acontecimento importante tem lugar em Muro...
– *Importante em que sentido?*
Depende do valor que lhe dê.
Podemos classificá-lo de *extraordinário*, em razão das consequências que trouxe para os murenses; *comum*, por tratar-se apenas da presença de dois religiosos que apareceram por lá pedindo esmolas para uma construção que tencionavam fazer em Caposele; e, para Geraldo, foi um acontecimento *decisivo*.
– *Religiosos pedindo esmolas não era nada de se admirar, havia tantos naqueles tempos. Este é o aspecto comum do acontecimento, mas quem eram eles?*
O padre Garzilli e o irmão Onofre Ricca.
– *Você disse Ricca?... E pedindo esmolas?...*
Ora bolas! Deixe de gracetas com os nomes das pessoas! Ricca é o sobrenome do irmão Onofre, como tantos Camargos, Albuquerques e Silvas por aí.
Na realidade, eram bem pobres, batinas remendadas, chapéus desabados, sapatos cambetas e caras de ascetas. Ainda totalmente desconhecidos em Muro, mas muito benquistos nas regiões mais carentes de ajuda espiritual, principalmente as do campo, vinham operando verdadeiros prodígios.
– *Com outras palavras: mais uma Ordem de Frades, pedidores de esmolas!*
São os *Ligorinos*, como eram chamados, e ainda hoje o são, os Redentoristas de Nápoles e arredores.

Trata-se de uma nova congregação religiosa, fundada havia apenas dezesseis anos por um sacerdote, sábio e nobre napolitano e que trocou a tribuna de advogado pelo púlpito de uma igreja...

Mas, no momento, importa-nos saber que o senhor arcebispo de Conza queria uma casa destes religiosos em sua Diocese. Para isso, lhe oferecera o Santuário de Materdomini com o abrigo anexo, em Caposele. Santo Afonso aceitou. Aliás, não seria ele, o cantor das "Glórias de Maria", quem iria rejeitar a guarda de um santuário de Nossa Senhora.

Para o atendimento aos romeiros pensou-se em construir um convento naquele penhasco. Ora, uma construção, hoje como ontem, exige muito dinheiro. Onde consegui-lo? Os tempos eram maus e as finanças andavam curtas, tão curtas que, às vezes, faltavam até garfos e colheres. Necessidade, aliás, de luxo ante o pouco que tinham para comer.

– *Entendi. Os dois Redentoristas se achavam em Muro pedindo ajuda para a construção de seu convento em Caposele.*

Animados que foram para esta empresa, pelos bispos das Dioceses vizinhas, e com a permissão e bênção dos mesmos, que lhes diziam:

"Construam! Pedi esmolas para isso! Nosso povo é pobre, mas é bom e muito religioso e ajudar-vos-á".

Em Muro, eles ganharam a melhor pedra para a sua construção: Geraldo!

– *Ah! Agora entendi o acontecimento extraordinário para a, até então, desconhecida e ignorada Muro.*

Porque, enfim, estava chegando a hora de Geraldo.

Tão logo bateu ele com os olhos naqueles religiosos que se sentiu tocado pelo espírito de pobreza, humildade, recolhimento e penitência que deles irradiava.

– *Com uma vida nestes moldes ele sempre sonhara, pois não?*

Por isso, numa daquelas tardes foi ele bater um papo com o irmão Onofre, talvez por parecer-lhe mais acessível. Entrou logo no assunto:

"Irmão, pelo que tenho escutado acerca da Congregação dos senhores é lá que devo viver. Quero tornar-me irmão leigo Redentorista como o senhor".

"Você quer vestir o hábito do Santíssimo Redentor?"

"Isso mesmo, meu bom irmão. É o que desejo de todo o coração."

"Ah! meu rapaz, você não tem 'caixa' para aguentar nosso regime de vida. Tão magro e fraco que corro risco de derrubá-lo só com um sopro."

– *Coitado do Geraldo! Sempre a sua aparência franzina a naufragar-lhe os mais belos sonhos!...*

É. Se o irmão Onofre se entusiasmasse logo, seria bonito e fácil... destoaria até de todo o resto da vida de Geraldo. A caminhada dele teria de ser sempre espinhos e barrancos. Ele é que não desanimaria ante o primeiro contratempo.

"Qual o regime de sua congregação, irmão?"

"Muito trabalho, muitas horas de oração, muitas penitências, dormir pouco e nossa alimentação é bem pobre..."

E o irmão Onofre pintou-lhe um São Pacômio, Santo Antão ou São Pedro de Alcântara. Mas, finalizando seu interlocutor, recebeu como resposta:

"Mas é precisamente este gênero de vida que tanto me atrai: 'Cartuxos em casa, apóstolos fora', como me disseram a respeito dos senhores. Eis aí um programa que acho digno de uma vida!"

"Deixe de fantasias, meu rapaz! Agora isso é fácil de dizer, mas, quando surgem os apertos, até as vontades de ferro se amaciam como algodão..."

"Eu sou magro e pálido, irmão, mas tenho boa saúde, graças a Deus. Sei o que sou capaz de fazer."

"Vejo que você gostaria de me convencer, mas acredite em minha experiência. Volte para sua casa, meu rapaz!... E muito boa tarde."

– *E Geraldo, de novo, teve de voltar de asa caída para mamãe Benedita...*

Mas, desta vez, com uma resolução tomada em definitivo: seria irmão Redentorista. Verdade é que teve de esperar a missão que os "Ligorinos" viriam pregar em Muro no próximo ano.

XIV
FUGIU!

– *E houve a missão em Muro?*
– Sim.
No dia 13 de abril de 1749, no domingo, denominado "in Albis", Muro viu uma quinzena de missionários desfilar por suas ruas e darem início aos exercícios das "Santa Missões" em suas três paróquias.
– *Impressionaram?*
E muito... Eram sérios, compenetrados, sempre com um sorriso bondoso nos lábios, atentos em ouvir as pessoas.
Também seu exterior era de molde a impressionar: vestiam uma sotaina preta traspassada da direita para a esquerda como quimono japonês ou roupão de banho, na gola um colarinho branco muito saliente, um grande rosário de quinze mistérios, pendendo-lhes do lado esquerdo de um cinturão ou faixa tosca que também prendia a sotaina, e o que mais chamava atenção era um grande crucifixo no peito pendurado ao pescoço. Usavam quase continuamente um barrete de três pontas sem borla ou qualquer enfeite.
– *Pelo retrato traçado, diferiam em tudo do que Muro tinha visto até então.*
E o retrato interno era bem mais convincente. Pelos traços de alguns, poderemos deduzir quem eram os outros:
O "padre-mestre" era o venerável padre Paulo Cáfaro. Ainda na força da mocidade e já pujante e santidade. Seu "grito de guerra" estava ali escrito numa tira de papel defronte dele em

sua mesa: "Só a vontade de Deus" (Il gusto di Dio). Seu espírito, seu coração, sua boca só se ocupavam dessa vontade de Deus. Sua palavra, seus escritos, sua direção espiritual, enfim, tudo nele denotava o líder firme, claro, sem contemporização que pudesse prejudicar um caráter. Dele disse Santo Afonso:

"Suas palavras eram como flechas".

Ali estava também o padre Francisco Margotta que trocara sua toga de juiz pela batina sacerdotal e o seu cargo de vigário-geral da Diocese de Conza por um humilde lugar entre os Redentoristas, com os quais viveu como autêntico asceta e anacoreta. Foi ele quem disse de si mesmo:

"Tenho de dominar minha animalidade, negando-me, às vezes, o pasto; e a terra nua é uma boa cama".

Lá estava igualmente o padre Cármine Fiocchi. Ótimo missionário e que espelhava em sua pessoa a paz e a bondade de Deus. Costumava aconselhar aos penitentes:

"Jogue todas as suas preocupações neste mar que é a misericórdia de Deus, e durma tranquilo!"

E os demais integrantes da turma eram galhos da mesma cepa. A vida santa e austera desses homens de Deus vencia os corações e ganhava a simpatia de todos.

– *E quanto ao nosso Geraldo?*

Tornou-se o companheiro inseparável dos "Ligorinos". Na igreja, pelas ruas, na casa onde se hospedavam. Onde estivessem, lá estava Geraldo também. Engenhava mil maneiras de prestar-lhes pequenos obséquios só para ter o pretexto de estar com eles e falar-lhes.

– *É porque Deus o queria como Redentorista.*

O mesmo acho eu. Lá um dia, ele julgou o momento oportuno e atacou com seu pedido. Foi ao padre Cáfaro:

"Padre-mestre, venho pedir-lhe: admita-me como irmão coadjutor em sua Congregação!"

A resposta veio franca, definitiva e desanimadora:

"Nem pense nisso, Geraldo! Você não aguentaria quatro dias conosco!"

– *E o que se seguiu?*

Foi este apenas o primeiro embate de um duelo de duas vontades férreas, decididas, inquebráveis.

De um lado, a firmeza calma e segura do padre Cáfaro, e, do outro, este rapazinho magricela de 22 anos de idade, decidido a tudo. E foi aço contra aço, e faíscas brotaram do choque destes dois gigantes da vontade.

Quem venceria? Qual dos dois contendores abaixaria primeiro as armas?...

Geraldo já estava temperado com muitas recusas que recebera. Agora estava resolvido a empenhar tudo. Por isso, cada dia, voltava com novos pedidos e novas razões mais convincentes para a sua aceitação. E, cada dia, chocava-se com a inflexibilidade do padre Cáfaro, ouvindo sempre de novo:

"Não! Não... e não!"

Padre Cáfaro, homem sensato e homem de Deus, acabou intrigando-se com tanta insistência e procurou informar-se acerca do postulante. Constatou que Muro inteira considerava Geraldo um ótimo rapaz... mais paciente que Jó, mais piedoso que um beneditino, mais inocente que um anjo...

"Um pouco aluado."

Diziam alguns.

"Tem pouco desembaraço no serviço."

Afirmavam outros.

"Bom para nada... Seria um irmão inútil."

Testemunhava ele de si.

E ao perplexo padre Cáfaro cabia decidir se daquele material poderia sair um irmão leigo coadjutor Redentorista...

"Não; definitivamente não servia."

Era o que diziam a uma só boca os missionários. Recebê-lo por experiência?!...

"Mas experimentar por quê?... Estava na cara que não aprovaria mesmo."

"Em Muro, ele tinha uma mãe. Felizmente que tinha alguém por ele!"

A própria dona Benedita, por intuição materna ou conhecimento de seu filho, é que já adivinhava tudo:

"Geraldo, meu filho, não dê este desgosto a sua velha mãe! Só tenho você para minha companhia. Suas irmãs se casaram... Sofri tanto, vendo-o naquele Calvário da semana santa!... Filho, você tem pouca saúde... fique comigo!"

Também Aninha, casada e residindo ali perto, no mesmo quarteirão, secundava os instantes pedidos da mãe viúva.

– *Que teimosia de asno, hein?*

Um santo asno, pois, que foi doando, discretamente, seus poucos bens: eram balas para as crianças, roupas para os pobres, presentinhos aos amigos mais discretos. Foi-se livrando do que possuía para, pobre, seguir Jesus pobre.

– *E mamãe Benedita e Aninha não "viam" nada?*

Bem que perceberam as "tramas" de Geraldo e, pelo lado delas, também tramaram um piedoso cambalacho. Foram conversar com o padre Cáfaro:

"... é o que lhe pedimos, senhor mestre: Não o aceitem! Ele é tão franzino e não aguentaria uma vida de austeridade como a dos senhores".

E Aninha:

"Mamãe, que já vive sozinha, acabaria de tristeza!"

E foi toda uma enfiada de razões que só o amor de mãe saberia descobrir ou... inventar.

"Não o aceitem, pelo amor de Deus!"

Nem precisava tanto, pois o padre Cáfaro era-lhes o mais poderoso aliado:

"Estejam sossegadas, minhas senhoras! Ele já me falou a respeito. E não o admiti nem o admitirei jamais. Mas lhes aconselho muito cuidado. Já vi que é cabeçudo e não abandona seus intentos facilmente. No dia de nossa partida daqui prendam-no e vigiem-no bem! Ele é capaz de ir atrás de nós".

"Ah! Assim tudo bem, senhor padre! Deixe conosco! Muito obrigada! Nós cuidaremos dele. A gaiola estará bem fechada. Deixe estar o canarinho!"

– *E daí?*
A missão terminou no dia quatro de maio. Na manhã seguinte, os missionários partiram cedo. Tinham de fazer, no lombo de cavalos, um percurso de uns trinta quilômetros até Rionero. Outras povoações os esperavam para além das encumeadas que separam as águas vertentes do Adriático e Tirreno.

A multidão murense, postada ao longo da estrada, os acompanhava com seu último adeus. Lenços abanando, mãos que se estendiam para pegar uma estampa de santinho como lembrança.

– *Alguns rostos chorosos, por certo...*
Isso mesmo. Cenas muito comuns no adeus de uma missão. Padre Cáfaro, atento, tentava descobrir Geraldo no meio da multidão. Por fim, ao se afastarem da cidade, respirou aliviado. Não o viu. Mas será que ele viria segui-los?...

– *Possível!?... Depois de tantas negativas! Só mesmo um jumento seria mais teimoso!*

Seja! Mas, depois da cena do presépio, os jumentos se tornaram muito simpáticos, em minha fraca opinião...

Mas, voltemos aos missionários que, a esta altura, já tinha ganhado a estrada larga. Muro e seu povo ficaram para trás e de Geraldo nem sinal. Alívio! Pobre rapaz, tão cheio de boas intenções! Mas tão magro, tão pálido!... E que cabeça dura! Seria doloroso ter de dar-lhe uma última recusa na presença de todo o povo. Foi melhor assim. Que fique com sua mãe já velha! Tomara que ele não lhes viesse correndo atrás!... Esses eram os pensamentos que povoavam a mente de mais de um dos missionários. E as chances de isso acontecer eram poucas, pois mamãe Benedita trancara à chave a porta por fora do quartinho dele, e ficou por ali montando guarda com Aninha, como tinham tramado com o padre-mestre. É possível também que as outras irmãs, casadas e morando fora de Muro, tivessem vindo participar das "Santas Missões" e estivessem lá reforçando a "guarda" também.

– *Imagino-a longa e cheia de ansiedade.*
E o que elas podiam imaginar?...

"Como o seu 'prisioneiro' reagiria sabendo-se tapeado por elas e pelos missionários?... Por certo, durante alguns dias ficaria entristecido pela ausência dos missionários, mas depois... Geraldo não era de reagir com violência, pois era a mansidão em pessoa..."

E assim deram tempo para os missionários distanciarem bastante e desfazer-lhe a tentação de correr-lhes ao encalço...

"Já teria chegado aos limites da província de Muro?..."

"Ah! Muito mais! Já passaram além do morro *delle Crocelle* (das Cruzinhas)!"

"Talvez já estivessem descendo a encosta da serra para os planaltos de Atella."

– Então não havia mais perigo. Poderiam soltar Geraldo!...

Mamãe Benedita abre a porta e chama com doçura:

"Geraldo! Geraldo!"

"?! ?!"

Ninguém no quarto... ninguém! Fazendo um beicinho de choro, ela volta-se:

"Aninha, Geraldo sumiu!..."

E ali, boquiabertas, desoladas, sem entender, olhando para o teto e como que pregadas ao assoalho. A gaiola aberta e o canarinho voou!...

Sobre a mesa, bem à vista, um bilhetinho chama-lhes atenção!

"Vou-me embora para tornar-me santo. Esquecei-me!"

Perdoe-lhe, mamãe Benedita! Geraldo é desta raça de passarinhos que morrem se são metidos numa gaiola!

XV
ENFIM!

Muro inteira iria despedir-se dos missionários, foi o que previu Geraldo ao sentir-se preso em seu quarto.
— *E, com as atenções murenses voltadas para os missionários que partiam, seus movimentos seriam menos observados...*
Exatamente. Era o momento propício, agora ou nunca.
Do peitoril da janela de seu quarto até o piso da rua mediava uma boa altura, por isso nem maldaram que ele pudesse escapulir por ali. Pular era sinônimo de quebrar as pernas. Mas ou não conheciam Geraldo, ou se esqueceram que o amor é engenhoso. Dá asas e cria acrobatas, ainda mais tratando-se de um ideal já muito acariciado.
— *Será que mamãe Benedita ignorava suas façanhas de escalador da torre da catedral?*
Naquele tempo ele fizera isso para velar à noite, junto a seu querido "Prisioneiro". Hoje, prisioneiro era ele. Aprisionado por causa de seu grande e incontido amor, tal como o seu Deus. Possivelmente, ele teria pensado nisso com um sorriso nos lábios, e lágrimas rolavam-lhe pelas faces. Por este amor, ele se libertaria daquela prisão.
— *Usou travesseiros ou cobertores para amortecer o impacto do pulo? Amarrou lençóis à janela e desceu por eles?...*
Nunca se saberá com certeza. Certo é que se achou, talvez meio estonteado, mas inteiro e bem-disposto como nunca, na Praça do Castelo (Piazza Castello). Escolheu o caminho mais deserto naquela hora. Atravessou a "Ponte do Diabo"; fez uma paradinha para despedir-se da "Madonna" dos pãezinhos brancos, em Capodigiano. Uma curta prece, e dali, pela estrada de Atella, na direção de Rionero por onde estavam indo os missionários...

— Será que ele não esperou escondido nalgum canto até que o povaréu se aquietasse um pouco? Cortou volta? Para não ser visto escondeu-se atrás das moitas de oliveiras prateadas?...

Quem poderá saber? Possivelmente andou horas a fio e até correu por longos trechos da estrada. Empurrava-o sua têmpera de aço.

— E a graça de Deus também!

Sem dúvida. Pensava nas irmãs e na mãe a quem tanto amava, mas que deixava por um amor maior. Ele sentia que Deus lhe pedia isso agora. Por isso, corria, voava com um fôlego inacabável.

— E os "Ligorinos", por onde andavam a esta hora?

À frente, na mesma estrada para Rionero. Talvez Atella já lhes tivesse ficado às costas.

Como era costume, naqueles tempos, ocupavam-se, durante a viagem, com meditações, recitação do rosário ou conversas de mútua edificação. Mas alguém, lá bem atrás, está gritando por eles...

"Senhores padres! Senhores padres missionários! Esperai-me por amor de Deus!"

Pararam. Voltaram suas montarias e... custaram a acreditar no que viam. Sim; era ele mesmo: o "louco de Muro" que vinha em desabalada carreira de perder a respiração! Alguns deles ficaram a ponto de perder o fôlego também, vendo aquilo...

Ele aproximou-se ofegante. Padre Cáfaro fez-se de desentendido. Com rosto sério e um quê de severo, perguntou-lhe:

"Que recado nos trazes aí, Geraldo, para vires correndo assim dessa maneira?"

"O recado sou eu mesmo, senhor padre. Aceite-me como irmão leigo em sua Congregação. É lá que devo viver! Deus me chama!"

E ele cai de joelhos, ali no meio da estrada, para ouvir:

"Já disse 'não' por mais de cem vezes e repito agora mais uma vez: não! Nossa Congregação é muito severa. Não serve para pessoas como tu, e tu não serves para ela".

E os missionários, a uma só voz, apoiando o superior:

"Não sejas cabeçudo, rapaz! Volta para tua casa! Lá estarás no teu lugar, ao lado de tua velha mãe!"

Geraldo abaixa a cabeça, ouve tudo, é uma estátua muda. Os missionários esgotam suas razões para dissuadi-lo. Voltam seus

cavalos e se põem em marcha, e... atrás deles, pela estrada poeirenta, a pé, humilde e resoluto, lá vai também Geraldo.
— *Mas que jumento de cabeçudo, hein?*
Parecidíssimo com aquele sobre quem montava o Santíssimo Redentor em sua entrada, em Jerusalém, antes de morrer pregado na cruz... E assim entraram em Rionero, e lá:
"Ponham-me à prova! E, se eu fracassar, mandem-me embora e não me queixarei".
"Para que provas, Geraldo? Tudo já está provado e reprovado. Não serves para nós e... caso encerrado!"
Entrementes, como em Muro, Geraldo se ocupava na cozinha junto ao irmão cozinheiro e fazia os recados dos missionários. Alegre, feliz como um pardalzinho, saltitava o dia todo, ajudando os missionários, e no tempo que lhe sobrava, permanecia na igreja aos pés do Tabernáculo ou de uma imagem da "Madonna".
E, cada dia, recomeçava o duelo entre este moço candidato e o superior dos missionários.
— *Pobre padre Cáfaro, que problema estafante!*
Ele se perguntava na oração:
"E se fosse mesmo a vontade de Deus? Mas, onde não há uma revelação explícita, Deus fala é pela razão humana e pela voz do bom senso. Ora, a prudência mais elementar se opunha à admissão de um tal candidato na congregação, portanto a resposta teria de ser 'não'; sempre 'não'"!
"Meu pai, se não me aceitarem em sua congregação, hão de ver-me, todos os dias, pedindo esmolas entre os mendigos à porta de seu convento."
Comentava o padre-mestre com os companheiros no pequeno recreio após a ceia:
"Ele é muito capaz de fazer isso!"
Retrucavam os missionários:
"Certamente, ele fará o que está dizendo".
"Voluntarioso ele já se mostrou..."
— *Em que enrascada foi se meter o padre Cáfaro!...*
Mas, como era um santo homem, saiu-se assim:

"Geraldo, já que não posso ver-me livre de ti, vamos fazer uma experiência: vou mandar-te à nossa casa de Deliceto! Mas tu mesmo és testemunha que faço isso contra a minha vontade".

Foi o que lhe disse o padre Cáfaro certa manhã. E pensava: "Uma vez lá, será mandado de volta em três dias".

Escreveu ao padre Lourenço d'Antonio uma "carta de recomendação". Geraldo recebeu o bilhete das mãos do padre Cáfaro como se fosse o passaporte para o céu. E, cheio de alegria, sem tardar um instante, pôs-se a caminho para Deliceto.

– E o que dizia o tal bilhete?

Escreveu o padre Cáfaro:

"Envio-lhe um candidato a irmão absolutamente inútil para qualquer trabalho, visto sua constituição física ser das mais fracas. Na verdade, é uma boca a mais para ser alimentada pelo nosso já tão pobre convento. Por outro lado, em Muro, terra natal dele, todos o têm como rapaz de muita virtude".

Deliceto distava uns 50 quilômetros de Rionero, e os caminhos péssimos e desconhecidos de Geraldo. Mas que importa? Ele tem o coração em festa, foi recebido enfim! Não anda! Voa para lá.

– E chegou!...

Numa tardinha de maio ele viu descortinar-se ante seus olhos o campanário da Igreja de Nossa Senhora da Consolação, sob o azulado pano de fundo formado pelo bosque que a rodeava.

É a Virgem! É a Madonna tão querida que o acolhe aqui também.

– Sempre ela!

Foi ela que lhe infundiu tanta coragem para vencer tantas recusas. Ele crê sonhar. Entra primeiro na capela, toda cheirosa de flores de maio, e vai prostrar-se, numa longa prece de agradecimento a sua "senhora e mãe". Beija, depois, com grande reverência, as paredes e o pavimento da casa de sua "Madonna".

Era o dia 17 de maio de 1749. Geraldo tinha para mais de vinte e três anos. Contra a vontade de sua mãe e de suas irmãs, contra a recusa inamovível do padre Cáfaro em recebê-lo na Congregação, contra tudo o que aconselhava o bom senso e a prudência humana, contra tudo e contra todos, ele lutou e conseguiu sua primeira vitória na competição por "um ideal impossível!"

Impossível?... Seria não conhecer Geraldo.

XVI
MAIS OUTRA VITÓRIA

Em 1749, Deus fez à Congregação do Santíssimo Redentor dois valiosos presentes: a aprovação pelo Papa e São Geraldo Majela.
– *E nos dois, a presença e a proteção da Virgem Maria.*
Exato. Em 1732, enquanto Afonso, na gruta de Scala, recebia dela a inspiração para dar início a uma nova família religiosa na Igreja, em Capodigiano, o pequeno Geraldo recebia o "pãozinho branco" de suas mãos.

Dezesseis anos se passaram, e a semente da gruta de Scala cresceu em árvore vigorosa: cinquenta religiosos entre padres e irmãos coadjutores, verdadeiros e autênticos santos todos eles; quatro casas: Pagani e Ciorani na planície de Arno, Deliceto ou Iliceto na província de Foggia e Materdomini, em Caposele.
– *Iliceto... Deliceto... que é isso?*
Esta palavra *Iliceto*, muito provavelmente, vem do vocábulo latino "ilex" que denomina um gênero de árvore da família do carvalho. *"Deliceto"* denominaria, por sua vez, um bosque ou pequena mata composta destas árvores. Encontra-se, mais frequentemente, a palavra "Deliceto" em vez de "Iliceto".

O convento, onde Geraldo viveu a maior parte de sua vida religiosa, não pertence mais à congregação Redentorista, é hoje uma casa de correção.
– *E, naquele tempo, como era a casa de Deliceto?*
Tão pobre que melhor lhe caberia o nome de barraco ou tugúrio.

As janelas se escancaravam ao menor golpe de vento. Durante o inverno, do teto esbugalhado, peneirava a neve cobrindo tudo de um polvilho branco...

Por esse tempo, escrevia Santo Afonso: "Somos uma Congregação religiosa que não possui pão, vinho, queijo ou cevada, e muito menos dinheiro".

– *Exatamente, como dissera o irmão Onofre a Geraldo: "Nossa vida é dura, comer pouco e trabalhar muito".*

E, como se recorda, Geraldo lhe respondera: "É precisamente isso que me atrai". E era a pura verdade. Ele estava radiante.

– *Estou curioso é de saber qual foi a reação do padre Lourenço d'Antonio ao receber Geraldo com o bilhete de "recomendação".*

As crônicas não assinalaram. Talvez tenha balançado a cabeça e murmurado só para si: "Que belo presente nos manda o padre Cáfaro! Este é um candidato para... a enfermaria!

Deram-lhe logo como tarefa ajudar um irmão no cuidado com o jardim e o quintal da casa. E, logo, logo se viu que ele, o "candidato inútil", valia por quatro bons empregados. Enganou-se quem pensou que ele se desse melhor com uma agulha. Ele escolhia o trabalho mais pesado para si. Dizia ao irmão companheiro de horta:

"Deixe-me fazer isso! Sou mais moço que o senhor e tenho mais saúde!"

E foi assim que ele encontrou tempo para demolir velhos lanços de muros e carregar toda a pedra para o lugar onde tencionavam construir o convento e a casa para aqueles que, futuramente, viriam fazer seu retiro espiritual, "a casa dos Hóspedes", como era, então, costume nos conventos redentoristas. Os missionários tinham dito: "Ele não vai aguentar três, quatro, ou seis dias".

Mas ele aguentou seis dias, seis semanas, seis meses já se completavam, quando o padre Cáfaro foi nomeado superior de Deliceto...

– *E ele já tivera notícias do seu "candidato inútil" para a vida religiosa?*

Não se sabe. Certo é que, no fim da fila dos padres e irmãos, ali estava para beijar-lhe as mãos em sinal de obediência e submissão, alegre e feliz, o ex-alfaiatezinho "cabeçudo" de Muro Lucano.

– *Padre Cáfaro tinha se enganado. Que péssimo profeta!*

É. Tratando-se de Geraldo... fica muito difícil acertar o rumo que tomarão os acontecimentos se põem-se em prática somente as "medidas humanas", porque ELE RACIOCINA SEMPRE A PARTIR DE DEUS E DO AMOR!

Padre Cáfaro começou logo a ouvir coisas que nunca imaginara. Cada confrade tecia elogios à atividade e resistência física deste rapaz magricela, "candidato inútil à vida religiosa", de irmão coadjutor na Congregação. Uns lembravam seu espírito de obediência sem nada de servilismo. Outros, sua caridade e disponibilidade que surpreendiam a todos, bem como sua paciência e espírito de oração. Neste particular, já tinham notado: tinha ele deixado para trás muitos dos velhos e tarimbados irmãos na vida religiosa... Transcorreram, dessa forma, os seis meses de postulado exigidos pelas Constituições dos Redentoristas de antigamente. O Padre Cáfaro pediu, então, ao superior-geral, que era Santo Afonso, para que o jovem Geraldo fosse admitido a fazer noviciado da Congregação.

– *Que é isso de "noviciado"?*

É o aprendizado para a vida religiosa, tal como é vivida numa Ordem ou Congregação. Naquele tempo, os irmãos coadjutores faziam dois anos de noviciado, ou mais exatamente: um primeiro e um segundo noviciados de seis meses cada um, intercalados por um ano de experiência da vida religiosa regular, mas em que a pessoa era tida como noviça.

– *Agora você me embananou todo... Por que "regular"? Por que "era tida como noviça"? O noviciado era diferente?...*

Então, vamos a clarear-nos!

Sem ser diferente, o noviciado se caracterizava por uma vivência mais abrangente e intensa dos vários aspectos da vida religiosa, por isso, era chamado: *provação*.

– Ah! Bem; agora entendi. Durante este tempo, o candidato prova sua aptidão em viver a vida religiosa no futuro, pois não?
– Exato.

E, tratando-se de um irmão leigo coadjutor, este tempo de "uma vivência mais abrangente e intensa dos vários aspectos da vida religiosa" era vivido assim: seis meses de intensidade e abrangência para o candidato aprender e apreender regras, costumes e tradições do grupo; durante o ano que se seguia, ele vivenciava o que aprendeu, isto é, que chamei de "vida regular", e voltava ao ritmo dos seis primeiros meses para terminar sua provação. Entendido agora?

– Já tinha percebido, agora não tenho mais dúvidas.

O primeiro noviciado tinha início com a "vestição da batina" ou "hábito" da Congregação. A profissão dos votos religiosos de Pobreza, Castidade e Obediência coroava o segundo.

Foi no Natal de 1749, que Geraldo recebeu das mãos do padre Cáfaro a batina dos Redentoristas. O grande rosário foi-lhe alçado à cintura do lado esquerdo. Tudo se passou sob o olhar bondoso de Nossa Senhora da Conceição, padroeira da casa de Deliceto.

Enfim, ele chegou a noviço ou aprendiz da vida religiosa, em que ele já vivia como mestre consumado. Somos incapazes de descrever as alegrais do seu coração naquele dia. E o que a "Madonna" da Consolação disse, então, ao seu noivo naquele instante, já não é história para esta terra, pertence ao céu...

XVII
NO SEU TEMPO DE NOVIÇO

As precisões de nosso atual Direito Canônico eram, no tempo de Geraldo, bem menos precisas.
Direito Canônico?
É um conjunto de leis destinadas a orientar o procedimento vivencial dos cristãos-católicos. Naqueles tempos, essas leis constituíam um amontoado, verdadeiro sapezal, onde cada um se virava como podia. Por exemplo: a casa oficial do noviciado da Congregação Redentorista era em Ciorani, mas Geraldo cumpriu este seu "tempo de provação para a vida religiosa" em Deliceto mesmo.
– *Vejo aí um ajuste às necessidades de todo começo... a congregação não estava ensaiando seus primeiros passos?*
De minha parte, enxergo no fato um abono e uma constante na vida de Geraldo: a exceção é o seu caminho!
– *Como assim?*
Em Deliceto, ele teve como mestre de noviciado o padre Paulo Cáfaro, um homem excepcional, verdadeiro santo, austero e penitente e em quem a prudência e o arrojo se aliavam nas "coisas" do espírito... um mestre talhado especialmente para Geraldo!
– *Austero e penitente, significam para mim uma pessoas durona... santo é outra coisa...*
Talvez não seja o seu santo modelo ou o santo típico desta nossa época, mas sim daquela em que viveu. Sem pingo de dó arrancava até a última raizinha do egoísmo. Provava êxtases, consolações, milagres, no crisol da obediência.

– *Então, o noviciado foi moleza para Geraldo. Ele já estava acostumado a tudo isso...*

E o "milagre" que ele, cada dia, punha diante dos olhos de seu mestre, era um passo a mais no caminho da perfeição cristã.

Este magricela, enérgico e incansável, terminada sua tarefa no jardim e no quintal, ia para um cantinho da capela da casa e lá se mergulhava na oração.

– *Não sentia cansaço?*

Não demonstrava.

A antiga regra dos Redentoristas prescrevia três meditações diárias, mas ele acrescentava a estas mais a hora da sesta.

– *Numa região semitropical, como o sul da Itália, isso é quase uma necessidade.*

Não para Geraldo. Ele chegou a tirar até algumas horas do repouso da noite para rezar, pois o reencontraram, algumas vezes, no mesmo lugar onde fora visto na véspera, mergulhado em profundo recolhimento. Até durante o trabalho, a presença de Deus era o sol a iluminá-lo. Para prová-lo, padre Cáfaro proibiu-lhe, sob obediência, pensar em Deus...

– *Ah! Esta sim, deve ter sido a provação mais dura para ele...*

Pobre Geraldo! Foi um tormento. Fazia esforços para se libertar desta ideia "fixa", como ele dizia. E gemendo, humilhado, ia lastimar-se com o padre-mestre:

"Não consigo, padre-mestre! Não sou capaz!"

– *Coitado!*

Todo esforço é premiado. Daí, resultou um Geraldo cada vez mais do céu e menos da terra, um verdadeiro "sorriso e disponibilidade" para a todos servir.

– *Ouvi dizer que a sua velha "mania" de brincar de Calvário...*

Voltou, e com mais veemência. Agora ele usava uma corda entrançada de nós ou uma disciplina com rosetas de ferro para flagelar-se. Novamente o sangue salpicava o piso de seu quartinho. Para lembrar a coroação de espinhos ele arrochava sua pobre carne com um cilício de horríveis pontas. Até mesmo durante a noite, apertava as frontes com uma corrente de ferro...

Mas que exagero de mortificação!
Para nós, eu e você, bem alimentados, bem dormidos, bem sadios... Mas o que sabemos do Espírito de Deus que sopra "para onde quer"?
São Paulo ensina que o Reino de Deus não está em comidas, bebidas ou sexo, mas é alegria, paz, amor, partilha, compreensão.
– *Talvez seja por isso que experimentamos tão pouco estas "coisas"!*
Feliz quem consegue "ver" isso!
Sem ser preciso seguir à risca o exemplo de Geraldo, podemos aproveitar dele sobre muitos aspectos.
– *Por exemplo...*
Aceitando os sofrimentos que não procuramos, mas que a vida nos traz.
Geraldo lembrava o fel e o vinagre da Paixão de Jesus, com jejuns sempre mais rigorosos. Costumava dizer naquele seu modo claro e concreto de se expressar:
"O amor de Deus não entra na pessoa de estômago empanturrado".
Duas fatias de pão eram o seu alimento mais que suficiente para um dia. E ainda, quando comia sob obediência, costumava temperar os alimentos com losna e babosa! Durante três anos pediu a Deus e obteve o privilégio único, enquanto sabemos, conhecido na história dos santos...
– *Qual?*
Perder totalmente o sentido do gosto!
Alguns anos depois do que estamos narrando, já pelo fim de sua vida, ele confessou gracejando ao Dr. Santorelli:
"Para meu paladar frango ou repolho têm o mesmo gosto, doutor".
E o "brinquedo" de Calvário continuava.
Apareceu em Deliceto um postulante, vindo de Lacedônia, de nome André Longarelli, conhecido e amigo de Geraldo já há bom tempo. Ele representava o "carrasco" para Geraldo poder reproduzir em si os sofrimentos de Jesus, descritos pelo padre Antônio d'Olivari no livro *Ano doloroso*. Pediu o obteve licença do padre-mestre para reviver os "passos da Paixão de Jesus".

– *Ih!... Imagino no que deu...*
Então, escute lá!
Perto do convento havia uma gruta. Melhor palco para a ação não se encontraria. Mãos amarradas a uma estaca fincada no chão, como Jesus no pátio da casa de Pilatos, e o noviço recebia nas costas recurvadas as chicotadas. O "carrasco" tinha de parar só quando o sangue espirrasse para as paredes da gruta! E Geraldo tinha ainda por ali aprestados uns ramos de espinhos. Emoldurava com eles a fronte, e André devia enterrá-los batendo com um pau.
– *Eh!... Mas você me enoja com tudo isso... é uma asnice!*
De jumento, exatamente... Mas você bem conhece minha profunda admiração e simpatia por este animalzinho, personagem serviçalíssimo segundo o Evangelho, como aquele caladão, obscura montaria do "Bom Samaritano"...
– *É engraçado. Todos louvam o "Bom Samaritano", mas quem aguentou o peso foi o jumento!... Mas continue com as "jumentadas" de Geraldo!*
À medida que você aguentar...
Geraldo cuidava também da crucificação. Arranjou e levou para a gruta uma cruz do tamanho de um homem, parecida com a que vira os missionários erguendo durante as missões. André amarrava-o a esta cruz. Tinha de fazer força para esticar-lhe as pernas e os braços até atingir o furo da cravelha pré-marcado pelo próprio Geraldo.
– *Por que fazia isso?*
Ele queria imitar o mais possível o seu Jesus, pois foi assim que ele lera que fizeram com ele.
Deveriam ser bem persuasivas suas razões, para que André lhe prestasse esse obséquio.
– *A menos que André não fosse um "miolo mole"... Mas o padre-mestre, verdadeiro santo... como podia permitir isso?*
Quando Geraldo pediu para "reviver os passos da Paixão de Jesus", o padre Cáfaro entendeu que se tratasse de um exercício, como a "Via-Sacra", por exemplo. Mas, logo que teve a notícia

das cenas de tortura na gruta, acabou com tudo em nome da santa obediência.

– *Certamente foi o bastante para Geraldo.*

Mas que voltou a renovar-se durante o seu segundo Noviciado, ao menos no que tocava às flagelações. Geraldo era engenhoso no seu intento de imitar Jesus de perto.

– *Com licença do Mestre?*

Por certo.

– *Enganado mais uma vez, pela dificuldade de comunicação?*

Parece que não. O certo é que ele conseguiu licença. E arranjou dois algozes. Um era um velho pecador, convertido por Geraldo; o outro um jovem de nome Francisco Testa. Temos, então, de volta as cenas horripilantes de flagelação que tanto mexem com sua emotividade... Os próprios "algozes" ficavam chocados. Era Geraldo mesmo quem os implorava, de joelhos, prestarem-lhe este "favor". As pobres carnes de Geraldo é que fremiam...

– *De dor?*

Por certo, e atrozmente.

– *De alegria?*

Penso que não, pois ele não era um masoquista. Seu contentamento era de ordem mística e espiritual e que não encontra semelhante nos contentamentos humano-animais. Se ele alegrava-se era "por sentir-se associado" aos padecimentos de seu "Amigo", flagelado pela soldadesca de Pilatos. Sofrer com o Cristo, sofrer como Cristo, eis a maneira de expressar-se da fé deste moço napolitano e que viveu no século XVIII.

– *Quem puder compreender que compreenda!*

As testemunhas, os próprios "algozes", testemunharam depois que, nestas ocasiões, ele tinha a aparência de um anjo de Deus. O amor de Deus é como chama e calor que aquece e alumia, mesmo nos momentos de maior sofrimento. Você tem razão: só compreenderá isso quem for capaz de experimentar...

– *Ouvi contar que ele experimentou a "agonia do Getsêmani"!*

Como a São Francisco de Assis e a alguns outros santos, também a Geraldo foi concedido provar misticamente, em certos dias, a agonia de Jesus no Getsêmani.

Às tardes das quintas-feiras, o sofrimento que Jesus padeceu no Horto das Oliveiras mergulhava-o em padecimento indizível. Várias vezes chegou a vomitar sangue...

– *E os médicos, que diziam?*

Pelo que se sabe não conseguiram diagnosticar a causa...

Nas sextas-feiras, o sofrimento aumentava a ponto de prostrá-lo extenuado. Ele agonizava literalmente... O inexplicado é que, na manhã do sábado, Geraldo voltava à rotina de sua vida e trabalhos como se nada houvesse acontecido. Todos os vestígios da "agonia" do dia anterior desapareciam.

– *Seu trabalho era ainda no quintal ou no jardim?*

Foi só até a primavera de 1749. Numa tarde, o padre Cáfaro, da janela de seu quarto, observou como ele esmourejava inutilmente para limpar os entulhos de um canteiro da horta. Compreendeu que este serviço era demais para ele, e encarregou-o da Sacristia.

– *E aí foi como jogar "sapo n'água"!*

Dali para frente, sua vida tornou-se um adejar constante ao redor de seu querido "Prisioneiro do Tabernáculo" e da imagem da "Madonna" da Consolação. Agora ele passava, ali na igreja, não só o seu tempo de lazer e oração, mas também o seu tempo de trabalho. Noites inteirinhas... dias sem se lembrar de qualquer outra coisa... sempre criando ocasiões para estar ali, bem perto do Tabernáculo.

E a igreja tornou-se um brinco. O altar-mor era a extensão de sua alma, na mais perfeita limpeza e adornado das flores do dia.

– *Como ele se arranjava com seu "Amigo" prisioneiro?*

Escutemos o padre Antônio Tannoia a respeito:

"Eu me encontrava, certo dia, na igreja e via-o passar constantemente diante do altar-mor. E quando tinha de sair, para cumprir alhures outra qualquer obrigação, era como alguém que se esforçasse para deixar a companhia de Jesus, que parecia retê-lo junto ao Tabernáculo. Via-se que se *arrancava* dali com grande esforço, e eu o escutei murmurar: 'Deixe-me, Senhor! Tenho uma obrigação a cumprir noutra parte!' E saía correndo".

A Virgem Maria foi o outro amor de sua vida. A "bela Senhora" de Capodigiano pelos seus seis anos de idade, a escolhida de seu coração com quem "se noivara" naquela memorável tarde de um domingo de maio e agora a "Madonna da Consolação de Deliceto" e de cuja "casa" ele se tornara o mordomo. A simples lembrança da Virgem Maria bastava para arrebatar seu espírito, irmão dos anjos.

No convento de Deliceto havia um quadro representando a Imaculada Conceição, suspenso sobre o patamar superior da escada principal que levava aos andares de cima. Geraldo bastava olhar para este quadro para cair em êxtase. Aconteceu, muitas vezes, ser ele *arrebatado* pelos ares, indo contemplar sua "Madonna" mais de perto. Era uma força irresistível, como um ímã que o arrastasse. Várias pessoas que faziam retiro espiritual no convento puderam testemunhar este fato, mal acreditando no que seus olhos viam.

Um fato semelhante aconteceu no local denominado: "o Francês", perto de Deliceto, onde havia uma orada dedicada à Virgem.

Geraldo voltava a casa em companhia de dois rapazes e pararam para descansar e rezar um pouco.

– *Ele não perderia uma oportunidade assim.*

E a aproveitou para falar aos seus jovens amigos sobre a mãe de Jesus. Ele se anima, seu semblante se modifica, inflama-se... rabisca num pedaço de papel umas palavras e, num gesto de apaixonado, "envia" sua carta, jogando-a pelos ares na direção da imagem da Virgem. O papel voa pelo impulso recebido e, atrás dele, lá vai voando também Geraldo pelos ares na direção de sua "Madonna" querida. Os jovens devem ter ficado amedrontados e boquiabertos, vendo-o voar cinco ou seis metros na direção da imagem da Virgem, como testemunharam mais tarde.

Dois amores sustentaram a vida de Geraldo: Jesus Sacramentado e a Virgem Maria. E foi com eles que Geraldo ganhou a grande batalha de sua vida, foi recebido como religioso professo na Congregação Redentorista.

XVIII
A PREOCUPAÇÃO DE GERALDO: OS OUTROS

Nas Ordens e Congregações, o Noviciado se destina, primeiramente, ao aprendizado das virtudes cristãs por parte do candidato, sobretudo da caridade.

– Nela Geraldo já era mestre...

Mas cresceu muito mais ainda. Nos seus apontamentos durante o Noviciado podemos ler:

"Deixar o que estiver fazendo para ajudar quem estiver precisando de mim".

– Imagine só esta resolução tomada ao pé da letra! Até onde conduziu Geraldo?

Foi visto carregando feixes de lenha para pessoas idosas e pobres. Chegava mesmo a ir depositá-los nas portas dos miseráveis casebres.

Deliceto viu, com espanto, o irmão Geraldo com bacias cheias de roupas lavadas e retorcidas, sobre a cabeça, ajudando umas pobres mulheres que tinham ido à fonte lavar seus molambos. Nos seus apontamentos deste tempo encontramos ainda:

"Deixar o melhor para os outros, e todos ficarão contentes, e eu mais ainda".

Por este tempo, ele foi o encarregado da alfaiataria da casa. Alfaiataria é modo de dizer, pois roupas eram raridade naquele convento. Para o seu uso, Geraldo reservou o que de mais pobre e remendado havia. "Reservou" é também um eufemismo, pois, se algum confrade precisasse, Geraldo era o primeiro a oferecer-lhe seus trapos. Ele dizia:

"Numa comunidade pobre como a nossa não se deve sobrecarregar o superior com compras de vestimentas".

Para ele, a consequência foi tremer de frio durante todo o inverno, porque cedeu sua blusa de lã que, durante a época do frio, os Redentoristas costumavam usar sob a batina.

E com os doentes, então?

– *Ah! Sim; já ouvi coisas espantosas... conte alguns fatos.*

Felizardo era o doente que tivesse o irmão Geraldo por enfermeiro.

Qual mãe zelosa ou anjo guardião, ele rondava dia e noite à cabeceira do enfermo a ele confiado. Costumava dizer:

"Pobres e doentes são o Cristo visível junto de nós, assim como o Santíssimo Sacramento é o Cristo invisível no Sacrário".

Além de ter muitos empobrecidos, Deliceto era lugarejo achacado a tremores de terra, secas, enchentes e epidemias. Acrescentem-se a tudo isso os pesados impostos, e imagine o que sofria o pobre!

Escusado dizer que Geraldo distribuía as migalhas que sobravam de seu convento. E o pão ia sempre acompanhado de uma boa palavra.

– *E de um milagre?*

Quando se fazia preciso, sim. E foi o que aconteceu certa vez.

– *Então, conte!*

Um rapazinho de família muito pobre não podia mais trabalhar nem mendigar. Uma ferida maligna, nauseabunda, dolorosa, apareceu-lhe nas pernas e foi se alastrando cada vez mais. Seus velhos pais, quando ouviram falar da fama da santidade do irmão Geraldo em Deliceto, conceberam uma esperança:

"Quem sabe?... Se a gente fosse lá e pedisse?..."

Engancharam o filho num burrico magrelo e rumaram para Deliceto atrás de uma esperança. Pelo caminho, vinham preparando o pedido:

"Um milagre! Nada mais que um milagre, irmão Geraldo!... É o que viemos pedir ao senhor".

Aproximam-se da casa dos Redentoristas e topam com um religioso de batina remendada, pálido, muito alegre... mas que olhos fulgurantes!... Ele os saúda efusivamente:

"Boa tarde! Aonde vão, boa gente, se não mal pergunto?"

"A Deliceto, senhor padre... É que queremos falar com o irmão Geraldo... queremos pedir..."

"Ah! Sim. E que desejam deste inútil irmão Geraldo?"

"Fale assim, não, 'seu' padre... Ouvimos contar que é um santo... que tem feito milagres... e viemos pedir que ele, com as graças de Deus, cure este nosso filho..."

E o velho põe-se a desatar os panos sujos, colocando à vista a ferida feia das pernas do pobre mocinho... E a velha mãe desata a contar a grande miséria em que se achavam, o sofrimento com o filho, único arrimo deles naquela idade... e as lágrimas a borbulhar quentes dos olhos... Diz-lhes o religioso:

"Confiança em Deus, minha boa gente! Ele pode curar todos os nossos males. O que precisa é ter fé!"

E Geraldo, pois o tal religioso não era outro senão ele mesmo, pega nos braços o rapaz doente e o depõe à beira da estrada.

Fica, por uns momentos, olhando a horrível postema, como quem excogitasse de um emplastro. A putrefação escorria nojenta. Geraldo aproxima a boca do horrível abscesso, aplica-lhe seus lábios e vai sugando tudo!... Depois, com a língua, "lava" e "desinfeta" tudo. Ata as bandagens novamente...

"Meu amigo, lembre-se sempre que foi Deus quem o curou. Deem graças a Deus e não pequem mais!"

Rápido e suave, como a brisa que passou diante do profeta Elias, Geraldo vai-se embora, desaparecendo logo numa curva... Os velhos e o rapaz estão ali meio abobalhados, mudos, como que petrificados, vendo o que se passava bem debaixo de seus olhos. Aos poucos, vão voltando a si do aturdimento em que ficaram. O ex-paralisado ergue-se e começa a andar de um lado para outro, nada sentindo... A velha mãezinha, como que acordando de um sonho, grita jubilosa:

"Milagre! Milagre! Foi o irmão Geraldo!..."

Acode o velho:

"Mas que foi mesmo?! Que aconteceu?!... Mas tire estes panos..."

!?!?!

A ferida desapareceu, a carne está sadia, rosada e cheia de sangue que circula... E o velhinho comanda:

"De joelhos! Rendamos graças a Deus! Foi Ele quem fez isso".

E ali, no meio da estrada, com os corações aos pulos e as gargantas soluçantes, os três rompem em alegres agradecimentos.

Dali mesmo voltam, como lhes ordenara o misterioso padre. E vão publicando por onde passam os louvores de Deus e do irmão Geraldo, pois também eles estavam mais que convencidos que não podia ser outro o religioso que os encontrara à beira do caminho.

Até o jumentinho vinha trotando mais alegre pela estrada, mais feliz e bem-disposto sem a carga que trouxera na vinda, pois o rapazelho queria provar "suas novas pernas", presentes do irmão Geraldo...

Por toda a parte o povo era uma só voz:

"Este irmão Geraldo é um santo de Deus!"

... Mas que cara de vômito é esta sua agora?...

– *Pela nojeira que você acaba de contar!... E a saúde... E a higiene? Não... só mesmo um maluco...*

Exato. Você tem razão.

Mas o que eu e você sabemos de fato sobre o amor de Deus?... Sobre virtude heróica?... Santidade?... Hein?!...

Que significam para Deus e seus amigos: nossos cuidados com assepsia... nossas repugnâncias e sensibilidade estomacal? Quem somos para julgar os amigos de Deus?...

Geraldo é um gigante nestas coisas, e quem somos nós para medi-lo?

Loucura!?

Sim; mas daquela loucura que começou com um "louco" que foi crucificado numa montanha chamada Calvário, lá na Palestina, há mais de dois mil anos. Loucura que tem contagiado a muitos neste nosso mundo.

Apenas pessoas como eu e você custamos entender o dito deste "Louco": "O vento sopra para onde quer" (Jo 3,8).

Mas acalme-se, amigo! Deus sabe a quem pedir semelhantes atos de "loucura". A mim e a você dificilmente pedirá um destes atos heroicos... mas também dificilmente chegaremos lá aonde chegou São Geraldo...

XIX
AMOR E PERDÃO

Para quem viajasse de Foggia para Deliceto o caminho mais curto era um atalho pelas terras do duque de Bovino, o que muito desagradava ao senhorio. Tanto assim, que ordenou a seus guardas-florestais que impedissem a passagem de quem quer que fosse.

Mas certo dia, desconhecendo a interdição, Geraldo voltava a casa passando por este caminho. Um dos guardas, homem de maus bofes, o avistou e correu para ele disposto a dar-lhe uma "lição" que servisse de escarmento para os outros. De longe veio gritando:

"Que sorte! Faz tempo que ando à caça de um 'urubu' para depenar!"

E com a coronha da espingarda desfere rijos golpes no pobre Geraldo, jogando-o por terra. A reação dele foi a mansidão em pessoa:

"Bate, meu irmão, bate! Mereço por meus muitos pecados".

Por esta, é que o selvagem não esperava: um monge tão humilde e manso que, mesmo espancado, chamava-o de *irmão*!

Fica aturdido, joga a carabina no chão, e como bom italiano, grita em desespero: "Deus, meu Deus, que acabo de fazer?! Matei um santo!"

Não; não o matara ainda. Embora com uma costela quebrada Geraldo pôde se levantar.

– E perdoou?

Senão!... Aliás, não seria Geraldo.

Perdoou e abraçou, mas o ferimento fora grave. Não conseguia manter-se sozinho sobre os arreios. Pediu, humildemente, ao guarda que o ajudasse. Este teve de ampará-lo até ao convento de Deliceto.

– *Vítima e carrasco cavalgando juntos, num mesmo animal!...*

E Geraldo aproveitou o tempo para falar ao guarda sobre Deus, sua alma, o pecado e o perigo da condenação eterna.

– *Nem uma censura, nem uma queixa?*

Nada.

Chegam à porta do convento. Geraldo está de causar dó. Seus confrades acorrem:

"Que foi que aconteceu, irmão Geraldo?"

"Oh! Não é nada... nada de grave!"

E Geraldo se esforça para sorrir:

"Caí do cavalo..."

"Mas o 'Raposo' é manso como um carneiro!..."

"Este homem teve a caridade de ajudar-me a chegar aqui... Deem-lhe alguma coisa para comer, deve estar com fome!"

– *E tudo ficou nisso?*

Antes de o guarda-florestal voltar a seu amo, Geraldo sussurra-lhe:

"Olhe, não faças isso com mais ninguém, meu irmão! Poderá acontecer-lhe uma desgraça".

– *E aconteceu?*

Também. Poucos dias depois, Frei José, um frade franciscano observante, passou pelo mesmo atalho e topou com o guarda irritadiço. E foi fácil para a mostarda subir-lhe novamente ao nariz:

"Outro monge!"

E, de longe, vinha gritando-lhe nomes feios.

Frei José desmonta-se e, humildemente, pede-lhe desculpas alegando desconhecer a ordem do senhor duque. Em nome de São Francisco e Santo Antônio pede-lhe que o perdoe...

– *E o guarda?*

Põe-se a surrá-lo, também, com a espingarda.

– *E o frade?*

Não sem razão, Frei José julga que a humildade e a mansidão já tinham falado e que chegara a hora da legítima defesa. Era bem mais robusto que o tal guarda. Não foi difícil dominá-lo e "ensinar-lhe como espancar os outros com a coronha de uma carabina".

Dali, foi direto à casa do senhor duque mostrar-lhe os pedaços da arma de seu guarda-florestal e os vergões em suas espáduas.

– *E o duque?*

Provavelmente, intencionasse apenas proteger suas propriedades sem pretender matar ou espancar quem quer que fosse. Por isso, mandou embora seu guarda-florestal, melhor diria, seu guarda-feras...

Mas o homem não se emendou. Numa discussão procurou "explicar-se" a tiros. Foi ele, porém, que foi comer terra... infelizmente!

– *Prevenira-o o santo irmão de Deliceto:*

"Poderá acontecer-lhe uma desgraça".

O que de nada valeu, por não o levar a sério.

XX
UM "FLASH" DE GERALDO

Foi com profunda sinceridade que Geraldo dizia ao guarda-florestal que o espancou: "Bate, meu irmão, você tem razão!"
– *Essa não engulo: Se ele ignorava a proibição do duque... o guarda é que foi um estúpido!*
É o seu ponto de vista. Mas não esqueça que "um ponto de vista é sempre a vista de um ponto..."
Pelo que sei, Geraldo era profundamente humilde. Ora, a humildade só tem valor se baseada na verdade. Ele vivia com o pensamento, a vontade e os afetos voltados unicamente para Deus. Por isso, viu no equívoco uma oportunidade de sofrer pelos inúmeros pecados e crimes nascidos dos desentendimentos de muitas pessoas e da má consciência de muitas outras. Mais ainda, ele tomava sobre si estes pecados, como o seu Jesus o fez, para repará-los. Veja aí, esta autoapreciação que ele deixou por escrito:
"Eu estou cheio de pecados. Pedi a Deus que me perdoe! Todos se convertem e eu fico insensível, endurecido no mal! Eu sou indigno de viver diante de Deus! Tão carregado de pecados, tenho até vergonha de rezar!"
Estas palavras, aliadas à veracidade que caracteriza a humildade, só se explicam num contexto vivencial de uma "satisfação vicária", como diz a Teologia, isto é, alguém que aceita pagar por outrem. Igualmente, a sua afirmação de não merecer o pão que comia, só se entende dentro de um tal ambiente noético. Aí, também, estão as razões porque os louvores causavam-lhe mal e

horror, e recebia com muita gratidão as censuras e os desprezos. Considerando-se os grandes feitos que Deus realizava por meio dele, esta humildade foi uma grande graça de Deus para Geraldo.

– *Ah! Sim. Agora entendo, depois de cada milagre ele corria o risco de cair na autoidolatria, pois não?*

Sem dúvida. Mas vivendo sinceramente esta convicção de até ser indigno do pão que comia...

– *E ele comia tão pouco...*

... e de ser membro da Congregação Redentorista a ponto de nem mesmo querer dispor de um quarto como os outros, ele se transfigurava, pouco a pouco, no Cristo que sequer teve "uma pedra para encostar a cabeça".

– *Ele não tinha uma "cela" como os outros religiosos?*

Tinha. Mas por muito tempo ele viveu em seu convento como um forasteiro. Não dispunha de seu quarto, não tinha um leito nem mesmo um pequeno lugar que lhe fosse privativo.

– *Por quê?*

Era o alfaiate e roupeiro da casa. Cabia-lhe, pois, preparar os quartos para os muitos hóspedes que vinham fazer os exercícios espirituais em nossa casa de Deliceto, como era de costume naqueles tempos. Os quartos eram sempre poucos para o grande número de retirantes. Geraldo cedia o seu quarto com a mesma facilidade e sorriso com que deu sua blusa de lã a um confrade... Sempre alegre, nunca se queixando, doando tudo num grande amor.

– *Acho que estes pequenos gestos santificam de verdade...*

Eu também. São pequenos, quando são os outros que os fazem; quando somos nós os desafiados a realizá-los, então sentimos todo o seu peso e extensão.

– *Onde dormia o irmão Geraldo?*

Os mais diversos lugares serviam-lhe de refúgio para um curto descanso. Ora o desvão de uma parede, por baixo de uma escada, ora o final de um corredor. Às vezes, um monte de capim no estábulo junto às vacas e cabras, e até o galinheiro... E estes "irmãos" de pelos e penas o acolhiam muito bem, com ele partilhavam o agasalho de suas guaridas. Ele dormia por poucas horas, encolhido sobre um monte de palha ou capim, e acordava mais feliz que um príncipe, após longa noite em seu colchão de plumas.

– *Já li que sua toca preferida era o desvão por baixo do altar-mor de Nossa Senhora da Consolação.*

Na qualidade de sacristão, cuidou de remover de lá todo o vasilhame que sói despejar-se nestes locais: jarras quebradas, galhetas encardidas, castiçais cambetas, livrinhos e papelada meio roídos de traça, trapos sujos, pedaços de sabão seco, flores murchas e toda a quinquilharia do ramo; e ali, debaixo do tabernáculo, como cãozinho fiel, enroscado aos pés do seu dono, é que Geraldo curtia um breve sono.

– *Este seu segredo foi descoberto?*

Naquela madrugada, moído de cansaço pela trabalheira do dia anterior, e com muito sono em atraso, Geraldo dormiu além do costumado.

– *Não ouviu a sineta chamando a Comunidade para levantar-se?*

Que nada! Passou a meia hora da meditação em comum e chegou a hora da missa. Era costume que todos os padres celebrassem ao mesmo tempo em todos os altares disponíveis. Geraldo era o sacristão, e aí é que deram por sua ausência.

– *O que é comum: lembrar-nos da "outra pessoa", quando precisamos dela.*

E foi aquele corre-corre.

"Onde está o irmão Geraldo?"

"Onde se meteu este bendito sacristão que não aparece?"

"Sim; onde estaria o irmão Geraldo que não abrira a igreja, não tocara o sino chamando os fiéis para a missa?"

"Que transtorno!"

"Mas ele nunca faltou!"

Não o acharam em lugar nenhum. Cada um se arranjou como pôde e as missas começaram. Ao *"Sanctus"* soam as campainhas do altar-mor tangidas vigorosamente pelos coroinhas, acordando o pobre Geraldo que, em estremunhado sono, bate com a cabeça nas pontas dos tijolos...

"Santo Deus! Onde estou?! Minha Virgem Dolorosa, já está no meio da missa e eu aqui!? Sair agora não posso... Minha "cela" vai ser descoberta... o povo poderá ficar escandalizado com um frade dorminhoco debaixo do altar... tenho de ficar aqui até todo mundo ir embora..."

É... naquela manhã Geraldo ficou preso debaixo do altar do seu querido "Prisioneiro". Com o acontecido, o padre Cáfaro resolveu acabar de vez com a vida errante do irmão Geraldo dentro de sua própria casa. Obrigou-o a escolher um quarto para si e até o obrigou ao repouso de meia hora de sesta após o almoço.

– E vai ver que ele escolheu o pior quarto...

... Sem janela, apenas uma claraboia deixava entrar a luz do dia.

– Era, então, uma cela de... prisioneiro.

Para lá arrastou seu colchão de palha, onde havia muitos cacos de telha, tijolo, pedaços de paus e pedras. Dois cavaletes com uma tábua por cima e um toco para servir de travesseiro, e eis aí o leito do nosso amigo!

Ao lado da cama uma cadeira que, de tão carunchada, pouco faltava para esboroar em pó.

– E como souberam disso?

O irmão César ficou doente, com febre muito alta. Geraldo estava ausente, pedindo esmolas para a construção do convento. O irmão enfermeiro imaginou um leito mais macio para o enfermo e foi buscar emprestado o do irmão Geraldo.

"Mas que diacho de colchão pesado!... Nem que estivesse cheio de pedras!"

Estava mesmo. Os pedregulhos, cacos de telhas e tijolos começaram a rolar por um rasgão ao lado.

– E o segredo ficou descoberto...

... e os confrades foram admirar e apalpar a "pedreira" sobre a qual Geraldo repousava de suas fadigas. Os que faziam exercícios espirituais, entre eles os bispos de Lacedônia e Melfi, foram para lá meditar na fugacidade e vaidade dos confortos da vida...

– E que tão avidamente nós buscamos!

O quarto de Geraldo quase virou lugar de peregrinação! Perguntou-lhe, certo dia, um dos confrades:

"Por que te maltratas tanto assim?"

Soluçando e elevando-se em êxtase, Geraldo respondeu:

"Eu mereço muito mais, meu bom irmão. Sou um pecador digno do inferno e correspondo tão pouco ao amor de meu Deus e que morreu por mim!"

Assim são os santos.

– *E que é um santo?! Quem faz milagres e vive em êxtases?*

Não; certamente que não, necessariamente. Santo é quem procura realizar em sua vida, da maneira mais perfeita, a vontade de Deus.

– *Aí, o problema será conhecer com certeza a vontade de Deus.*

Nem tanto, porque aí entra a virtude da obediência.

– *Eu já acho que obedecer é para os meninos, se não quiserem levar uma surra.*

E o que significaria obediência para os pais dos garotos?

– *Bem... a missão dos pais é aplicar a sova, se preciso... Acho que isto basta.*

Pelo contrário. A obediência é para todos. E, quando bem entendida, é processo de libertação da própria pessoa.

– *Libertar-se?!*

Do que alguém carrega de mais pesado e terrível, isto é, de si mesmo.

Para Geraldo, obedecer era tão fácil como o brincar para uma criança, porque o fazia por amor.

– *Amor, para mim, é bem diferente...*

Não me admiro. Para Geraldo, sim, era vida. Na Regra e Constituições da Congregação Redentorista, bem como na interpretação dos seus superiores, ele enxergou sempre a vontade de Deus. A este respeito escreveu:

"Deus nos chamou à Congregação para obedecermos".

E ele viveu esta obediência em tal profundidade que se tornou a característica de sua espiritualidade. No seguimento de Cristo, "Obediente até à morte de cruz", ele caminhou com passadas de gigante.

O dramaturgo francês Henri Brochet tece este elogio à obediência de Geraldo:

"Ele é folha levada pela correnteza ou uma pena ao sabor do vento; no rolar das águas ou passar da brisa, sem outra vontade que a do seu Deus manifestada pelos superiores".

– Convenhamos: é mais fácil viver este abandono total da vontade própria que ser o superior ou quem interpreta a vontade de Deus.

Penso que nas duas atitudes não há facilidades. Uma palavra ambígua poderá desencadear toda uma cadeia de acontecimentos inexplicáveis, e *"a folha que se deixa levar pela correnteza ou pena pelo sopro do vento"* só prestará contas de ter obedecido... Doutro lado, experimente viver *"no abandono total da vontade própria"*.

XXI
O OBEDIENTE CANTARÁ VITÓRIA

Geraldo preferiu obedecer sempre "ao pé da letra", isto é, entendia as palavras no sentido mais simples do uso cotidiano.
– *Mas São Paulo ensina que a letra mata, enquanto o espírito é que dá a vida.*
Está claro que o ensinamento de São Paulo é, e será sempre, válido. Mas é preciso ser bem entendido. O que não se pode é separar, em nome deste ensinamento, o espírito da letra, esvaziando-se as leis, ordens e preceitos com interpretações egoísticas e reduzíveis ao próprio comodismo. Isso não seria mais obediência. Geraldo buscava no sentido da letra a presença do Espírito que "sopra onde quer". E Deus respondeu, repetidas vezes, como lhe agradava esta obediência literal, ingênua, cândida, pueril, ou como queira chamá-la. Um exemplo:
O superior de Deliceto disse-lhe certo dia:
"Irmão Geraldo, preciso que o senhor vá agora mesmo a Áscoli levar um recado".
Este *agora mesmo* significou para Geraldo pôr-se a caminho dali mesmo e como estava: a batina rasgada e remendada que usava nos serviços dentro de casa, os sapatos cambetas e esburacados...
– *E o que aconteceu em Áscoli?*
Um "sucesso" com a molecada seguindo e fazendo chacotadas deste frade-palhaço de sotaina molambenta e sapatos "sorrindo pelos quatro costados".
– *E Geraldo?*

Nem aí com isso, ou melhor, mais agradecido que se o tivessem recebido com banda de música, bandeirolas, foguetes e discursos das autoridades.

Mas o nosso noviço-sacristão, além de roupeiro, devia ainda varrer os corredores do convento, servir no refeitório, limpar as privadas e mais alguns servicinhos de ocasião.

– *Alguém terá de fazer estas coisas, não?*

Só que Geraldo as fazia alegre e com muito contentamento...

Certo dia, o padre-mestre encarregava-o da portaria do convento com a senha:

"Ao ouvir tocar a campainha da porta, deixe o que estiver fazendo e atenda imediatamente".

Geraldo estava na adega do convento, tirando vinho de um tonel para servir no almoço da comunidade. Precisamente, quando ele tombou o barril, retirou a rolha de madeira e começou a encher um canjirão, é que soou a campainha da porta...

– *... E ele saiu correndo imediatamente?...*

E levando numa das mãos a rolha de madeira do tonel e na outra o canjirão pelo meio...

– *Mas deixou o vinho derramando-se...?*

Espere!

Quase trombou com o padre-mestre num corredor.

Aonde vai correndo assim, irmão Geraldo?... E com este canjirão e esta rolha de barril!..."

"É que estão chamando na portaria, padre-mestre. E o senhor me disse para atender imediatamente."

"Mas desse jeito, irmão?"

"É para não deixar ninguém esperando, senhor padre."

"Oh! Irmão!... Mas vá se esconder no forno, seu maluco!"

– *E não me diga que ele foi dali para o forno!...*

É possível que tratasse de uma expressão própria do padre Cáfaro quando desaprovava alguém. Era como se dissesse, com um abanar de cabeça: "Vá criar juízo, homem!"

Geraldo, com um sorriso, respondeu, escapando dali a toda pressa:

"Está bem, padre-mestre!"

Passou bastante tempo e o padre superior, ocupado com seus afazeres, nem se lembrava mais de irmão Geraldo, canjirão de vinho, rolha de tonel ou portaria...

– *Então aconteceu que o irmão, encarregado de fazer o pão, veio correndo todo esbaforido ao quarto do padre superior:*

"Senhor padre! Senhor, padre-mestre!... Imagine, padre superior!"

"Imaginar o quê, irmão?"

"O irmão Geraldo, padre-mestre! O irmão Geraldo em carne e osso."

"Está lá dentro do forno de assar pão."

"Dentro do forno?"

"Parece que o senhor lhe disse: vá esconder-se no forno!"

"Eu disse isso?! Ah! Sim, mas..."

"Ele teima em não sair de lá sem ordem do senhor!"

"Sem minha ordem!?... Mas valei-me, minha Nossa Senhora da Consolação... com este rapaz a gente tem de medir todas as palavras! Ele entende tudo ao pé da letra!"

E a cena com Geraldo no corredor, correndo para a portaria, canjirão numa mão, rolha do tonel na outra... tudo relampeia pela memória do padre Cáfaro.

"Irmão, corramos, mas é à adega! Aquele maluco deve ter derramado todo o vinho!"

– *E o vinho derramou-se?*

Na adega o barril estava tombado e sem a rolha, mas nem uma gota de vinho caíra sobre o pavimento, embora estivesse cheio... O comentário do padre Cáfaro foi:

"Deus brinca com este moço. Deixemo-lo conduzir-se pelo Espírito de Deus!"

Dali foi direto ao forno libertar seu prisioneiro, impondo-lhe uma penitência depois de lhe passar um "pito", embora, intimamente, estivesse com uma vontade louca de beijar-lhe os pés como a um santo.

Mas vamos reencontrá-lo desta vez no refeitório, e com uma prescrição bem clara do padre Cáfaro:

"Irmão Geraldo, nada de malabarismo com os pratos, nada de mudar em vinho a água das bilhas...

– *Ou como talvez fosse mais do gosto dele, mudar em água o vinho das garrafas...*

Não; nada disso. Bem-comportado, atento, diligente, naquele dia o irmão Geraldo estava preparando, além da mesa costumeira para a comunidade, uma outra mesa para uns seminaristas maiores que estavam fazendo seu retiro espiritual preparando-se para receberem as santas ordens.

Nas suas idas e vindas pelo refeitório, seus olhos caem de relance numa gravura representando um "Ecce Homo", pendente da parede. Seus olhos prenderam-se na representação dolorosa da face do Homem-Deus: aquela coroa de espinhos pontudos, aquelas bagas de sangue, rolando dentre os cabelos e pela barba, aquele caniço entre as mãos amarradas... sentiu-se atraído e levado como metal por ímã. Seu rosto pálido transfigurou-se por completo, o coração bateu mais apressado, e ele, um garfo numa mão e na outra um guardanapo, arrebata-se em êxtase.

Passa por ali um outro irmão. Entabula conversa, mas não obtém resposta. Aproxima-se, grita-lhe ao ouvido, sacode-o. Em vão. Geraldo está fechado para este mundo, alheio a tudo que não é o objeto de sua contemplação, "vendo" o que infelizmente não vemos.

Dali a pouco, chegam os outros e mais outros, todos tentam debalde acordar Geraldo.

– *Nem atirando um canhão conseguiriam...*

Os comentários:

"Aproxima-se a hora do almoço".

"A mesa dos seminaristas ainda está por arranjar..."

Alguém vai chamar o padre superior...

"Irmão Geraldo, em nome da santa obediência, eu te ordeno, volta a teus sentidos e cuida de tuas obrigações!"

Era o padre Cáfaro que bem o conhecia. A palavra obediência desfez o êxtase. Geraldo volta a si, todo confuso, vendo-se rodeado dos confrades maravilhados. Vira-se, humildemente, para o superior:

"Meu pai, eu não queria, mas Ele me atraiu".

O padre Cáfaro tentando aparentar um ar severo:

"Está quase na hora do almoço, irmão. Suas constantes distrações têm nos causado muitos embaraços e transtornos em nossa vida comum. Se a mesa para os seminaristas não ficar preparada a tempo, terei de impor-lhe um severo castigo. Ponha-se a trabalhar!"

No final, tudo saiu a contento de todos.

– *Os anjos o ajudaram?*

Não sei se desta vez, mas a obediência faz milagres. Veja só o que se passou:

O padre Cáfaro foi transferido de Deliceto e o padre Cármine Fiocchi, nomeado para substituí-lo, tardou em chegar. Então o padre Juvenal tornou-se o superior interino da casa. Geraldo caiu doente de cama com febre muito alta. O padre Juvenal deu-lhe esta ordem muito estranha:

"Irmão Geraldo, em nome da santa obediência, levanta-se e vá trabalhar! Nós precisamos muito de você e de seu trabalho aqui!"

Geraldo ergueu-se do leito, e da febre nem mais vestígios. Põe-se a trabalhar como se nada houvesse acontecido. Mas o padre Juvenal devia ausentar-se de casa por alguns dias, para umas pregações, e Geraldo foi ter com ele, com este humilde e não menos estranho pedido:

"Padre superior, dá-me licença de ficar doente agora?"

– *E o padre Juvenal que lhe disse?*

Foi categórico:

"Não, irmão Geraldo, o senhor não poderá adoecer antes de eu voltar desta missão".

E foi assim que Geraldo só pôde ficar doente depois que o padre Juvenal voltou de seus trabalhos apostólicos.

Geraldo nunca fugiu à obediência nem procurou pretextos para ludibriá-la. Pelo contrário, resistiu sempre e de maneira heróica a quem tentasse dissuadi-lo de obedecer.

– *Consequente, não?*

Um fato entre muitos:

Ele está em Carbonara, na casa do senhor Antonino di Domenico, de passagem para Melfi a mando do padre Fiocchi, mestre de seu segundo Noviciado. Geraldo manifestou seu propósito de continuar a viagem logo após o almoço, mas começou a chover torrencialmente. E o senhor Antonino comentou:

"Eh! Irmão Geraldo, chovendo desse jeito, o senhor fica preso aqui conosco... Não vai aventurar-se a sair sob um temporal desse, pois vai?"

Alguém mais, aproximando-se, acrescenta:

Mas há males que vêm para bem. O senhor cônego Matteo Serio acaba de chegar e, desde muito tempo, deseja encontrar-se com o irmão Geraldo. Enquanto a chuva cai e se prepara o almoço, terão tempo para conversar..."

E Geraldo:

"Agradeço muito sua gentileza, meu amigo, e as atenções do senhor para comigo, um pobre pecador, mas vou viajar assim que almoçar, pois tenho de chegar ainda hoje a Melfi. Assim me pede a obediência!"

Neste momento, o cônego Serio se aproxima, ouvindo ainda as últimas palavras de Geraldo, e comenta:

"Mas, irmão, a obediência se fundamenta na intenção do superior. E, certamente, seu superior não o mandaria viajar debaixo de um temporal assim!"

Ao que Geraldo retruca:

"O Pai celeste cuidará do tempo, senhor cônego, a mim cabe obedecer".

O senhor Antonino e o cônego tentam prolongar ao máximo a refeição com o intuito de ter Geraldo com eles o mais que pudessem. Mas Geraldo, chegada a hora, ergue-se da mesa e começa a despedir-se.

E levantam-se os protestos...

"Mas isso é loucura, irmão Geraldo!"

"Viajar com um tempo assim é mais que loucura... é tentar a Deus."

"Com estas enchentes das chuvas que houve, o *Ofanto* estará transbordando de muito!"

"Eh! Irmão Geraldo, não é à toa que os romanos o chamavam de *"Aufidius"*, isto é, o traidor, o não confiável..."

Nada demovia Geraldo de seu intento. Resolutamente e com calma ia respondendo:

"Compreendo que é a vossa bondade e amizade que me demonstram, querendo reter-me aqui; mas devo obedecer a meu superior e chegar, esta tarde, à casa do senhor bispo de Melfi, onde o próprio Fiocchi me aguarda. Não vos preocupeis comigo!"

E, com seu meio sorriso característico, acrescentou:

"Meu cavalinho, o *Raposo*, é o melhor dos animais deste mundo, e nada tão bem como trota na terra dura... Aliás, o tempo vai melhorar tão logo eu saia daqui".

Sem mais, Geraldo foi à cocheira selar o *Raposo*. Preocupado, o senhor Domenico mandou dois de seus empregados acompanhá-lo até a travessia do *Lausiento* e do *Ofanto*.

– *E o tempo melhorou mesmo?*

Logo que saíram o sol irrompeu esplendoroso dentre as nuvens e parou de chover. Mas as enchentes estavam bravas mesmo. A travessia do *Lausiento* foi sem novidades. O *Ofanto*, porém, arrastava até árvores. Os criados de "seu" Antonino o puseram de sobreaviso:

"Não se arrisque, irmão Geraldo! É muito perigoso!"

Mas Geraldo fez o sinal da cruz e guiou confiante as rédeas do obediente *Raposo* para as águas do rio:

"Vamos, meu cavalinho! Em nome da Santíssima Trindade passe para o lado de lá!"

E lá se foram os dois: o cavalo, assoprando a água suja, que lhe entrava pelas narinas, e com a cabeça erguida mal acima do turbilhão espumejante; Geraldo montado, com a água chegando-lhe quase à cintura. Quando chegaram ao leito do rio, onde a correnteza era mais forte e o cavalo teria de nadar, apareceu uma grande árvore com todo o seu galhame e raízes, arrastada pela correnteza. Vinha na direção deles. Seriam fatalmente arrastados, em cambulhada em meio à galharada. Era o fim! Na margem, onde ficaram, os homens de "seu" Antonino perderam o fôlego:

"Virgem Santíssima, salvai-o!... Irmão Geraldo, cuidado, irmão Geraldo!"

Voltando o rosto na direção deles, Geraldo os sossega com um sorriso:

"Não é nada, boa gente! Não será nada! Ainda não há motivos para medos!"

Assim lhes grita e traça com a mão direita um largo sinal da cruz na direção da árvore que avançava ameaçadora:

"Criatura de Deus, em nome da Santíssima Trindade eu te ordeno: afasta-te de mim e do meu cavalo!"

No mesmo instante, a árvore rodopiou e passou ao largo. Geraldo e Raposo chegaram sãos e salvos à margem oposta.

– *Já li que São Geraldo obedecia a ordens dadas mentalmente e até a distância. É verdade?*

Verdade. Que expliquem os sábios da Psicologia se quiserem. Mas o padre Cáfaro quis experimentar o crescimento espiritual de Geraldo e deu-lhe ordens só em pensamento e a distância, e teve de admitir o que nem ousava acreditar, Geraldo obedecia a estas ordens!

Também o padre Cármine Fiocchi constatou isso. Sirva-nos este fato:

Ele enviou Geraldo à Lacedônia com uma carta urgente. Bastante tempo depois que Geraldo saíra, ele lembrou-se de um pormenor importantíssimo e que não poderia ser omitido na carta.

"Ah! Se eu pudesse fazê-lo voltar!"

Geraldo, se bem andara já teria passado a metade do caminho. E o padre Fiocchi pensava, não sem razão, que seu desejo era em vão. Mas para sua surpresa, passado um lapso de tempo, viu seu carteiro entrando em sua cela e estendendo-lhe, jovialmente, sua carta. Perguntou-lhe surpreso:

"Por que o senhor voltou?"

"Geraldo contentou-se em mirar sorrindo com cumplicidade infantil de seu superior. Era como se dissesse:

"O senhor bem sabe... Não foi o senhor quem me chamou de volta?"

O padre Fiocchi aproveitou muitas vezes esta "faixa do Espírito Santo" para se comunicar com este seu súdito.

— *Recorde mais um fato!*

Com prazer, e aí vai este que é bem típico:

O padre Fiocchi estava em Melfi, na casa do senhor bispo, Dom Teodoro Basta. Nas conversas o assunto caiu sobre o irmão Geraldo, cuja fama de santidade já passara além dos arredores de Deliceto. Disse o bispo:

"Ah! Como gostaria de conhecer este irmão. O senhor, padre Fiocchi, poderia dar um jeitinho dele vir passar uns dias aqui comigo. Gostaria muito de poder conversar com este irmão, de quem tenho escutado contar tantos prodígios".

Respondeu padre Fiocchi:

"Ele é ainda noviço, senhor bispo... Nossa Regra proíbe que os noviços passem um dia fora do convento... mas como se trata de um santo e de um bispo..."

"Ah! Que ótimo! Quer dizer que o senhor vai deixá-lo vir?! Agora mesmo vou mandar um criado a Deliceto com sua licença por escrito, para que o irmão Geraldo venha passar uns dias aqui comigo. Quero falar com ele sobre os assuntos de minha pobre alma..."

"Oh! Não; não é preciso tanto, senhor bispo! Um desejo meu, formulado aqui a distância pode trazê-lo cá. Vossa Excelência vai ver."

O padre Fiocchi concentra-se por uns instantes e dá, mentalmente, a Geraldo, ordem de vir a Melfi e hospedar-se na casa do senhor bispo que deseja falar com ele.

Dali a pouco, em Deliceto, o irmão Geraldo vai bater à porta do quarto do superior interino com este pedido:

"Senhor padre superior, devo ir à Melfi, pois o padre Fiocchi está me chamando lá, porque o senhor bispo quer ver-me e falar comigo. Dê-me licença de viajar: Benedicite, pater!"(Abençoai-me, senhor padre!)

Geraldo põe-se a caminho. Percorre os muitos quilômetros que separam Deliceto de Melfi. Quando lá chega, o padre Fiocchi finge surpresa:

"Irmão Geraldo, o que o senhor vem fazer aqui? Um noviço fora do convento! A Regra proíbe, o senhor bem sabe. Que é isso?"

Geraldo responde com simplicidade:
"Recebi sua ordem, senhor padre, por isso vim".
"Ordem minha? Mas, ao sair de lá de casa, eu não lhe deixei nenhuma ordem de vir aqui... Está é ficando maluco, irmão! Não lhe mandei carta ou portador!"
"Foi um aviso para eu me apresentar aqui, porque o senhor bispo quer me ver."

Assim respondeu Geraldo, e voltando-se para o bispo, ali ao lado, extremamente surpreso e mal acreditando no que via e ouvia, dizia-lhe:

"Mas, Monsenhor, como pode Vossa Excelência querer ver um verme da terra, um miserável pecador que só não está no inferno por pura misericórdia de Deus!"

Forçoso foi o padre Fiocchi permitir que Geraldo passasse uns dias no palácio do bispo, palácio que Geraldo transformou numa extensão de seu convento com sua oração contínua, suas mortificações e jejuns.

Na vida de Geraldo nada mudou. Fora o tempo que gastou nas conversas espirituais com o bispo, ele se ocupou com prolongadas meditações, ou ajudava os empregados da casa nalguma de suas tarefas.

– E qual foi a opinião do bispo sobre Geraldo?

Maravilhado cada vez mais de como um irmão leigo, e sem maiores estudos, soubesse falar sobre os mistérios mais profundos de Deus e da vida espiritual. Os cônegos de seu cabido e os professores de Teologia de seu Seminário não eram capazes de tanto, na sua opinião.

– E quando ele voltou a Deliceto?

No dia indicado pelo superior para a sua volta. E estava um dia chuvoso com as estradas em péssimo estado, e uma cerração baixa e de cortar com a faca... Já era tarde quando Geraldo saiu de Melfi, mas nenhuma ponderação do senhor bispo afastou-o de sua resolução de pôr-se a caminho para Deliceto.

– Devo ir. A obediência me chama!

Geraldo era como um instrumento afinado nas mãos de hábil músico. Obedecer era para ele tão natural como o próprio viver. Despediu-se, pois, montou no cavalo e, sob uma chuvinha fina e fria, tomou o rumo de Deliceto.

Ele devia parar em Lacedônia e hospedar-se na casa do senhor Constantino Cappucci, grande amigo dos Redentoristas.

Era março. A noite caiu rápida e a cerração tornou-se mais densa ainda. Não se enxergava um palmo à frente do nariz. Então, dentro das matas, a noite era tenebrosa. Havia muitas barrocas e esbarrancados à beira da estrada. O rio *Ofanto*, em cheia, bordejava o caminho e escachoava ameaçador. Um passo em falso e cavalo e cavaleiro quebrariam o pescoço num esbarrancado ou seriam engolidos pela correnteza do rio.

Com o rosto chicoteado pelos cordões da neblina fria, sem enxergar o caminho, Geraldo rezava:

"Socorrei-me, Senhor! As águas impetuosas passam sobre minha cabeça. As torrentes do abismo querem devorar-me. Socorrei-me, meu Deus, que desfaleço!"

– *Ah! Então foi nesta noite...*

Foi sim.

Alguém, ou uma forma imprecisa, se aproxima na escuridão e agarra a brida do Raposo que relincha e sapateia, e... um riso escarninho, de fazer gelar os ossos, ressoa noite adentro:

"Eis-te, enfim, nas minhas mãos, fedelho miserável!"

Geraldo com toda serenidade:

"Então, és tu?"

"Para servir-te, meu rapaz!"

"E sabes tu que é uma boa ideia? Melhor do que imaginas!"

"Não sei o que pretendes... eu quero é ter umas explicaçõezinhas contigo, 'seu' irmão Geraldo."

"Previno-te que serão muito curtas, ou melhor, não obterás explicação alguma. Tenho de chegar, hoje ainda, em Lacedônia."

"Tens brincado comigo e eu tenho sempre perdido, mas chegou agora a minha vez."

"É. O brinquedo vai continuar, e quem vai ganhar, mais uma vez, sou eu!"

"Tu? Estás é perdido, 'seu' irmão Geraldo!"

E o riso medonho, sarcástico, ressoa de novo pela noite. E Geraldo solene:

"Sim, eu. Em nome da minha querida Santíssima Trindade, ordeno-te, besta maldita, conduze-me a Lacedônia, em passo ligeiro, sem qualquer perigo para mim ou o meu cavalo. Lembra-te, tenho de chegar lá hoje!"

"Falas de uma maneira... há em ti um poder que não consigo explicar..."

"Nem eu. Recebo a bondade do Pai Celeste como ela me vem. Maravilha é que sempre vem. Ele, hoje, mandou-te para servir-me de 'escudeiro'. Pegue as rédeas do cavalo, e... a caminho!"

Rangendo os dentes de furor, subjugado, de cabeça baixa, o "mestre da perdição" (pois não era outro o indivíduo), naquela noite, serviu de obediente almocreve ao irmão Geraldo.

Quando se aproximaram da capelinha da Santíssima Trindade, na entrada de Lacedônia, regougou o estranho arrieiro, desaparecendo logo na escuridão:

"Aí tens Lacedônia!"

Era pelas dez horas da noite. E que noite! Tenebrosa, fria, horrenda. Geraldo conhecia bem a cidadezinha daquela época. Foi, pois, direto bater à porta do senhor Constantino Cappucci.

Este, ainda meio tonto de sono, levanta-se, abre uma janela e alumiando com uma lamparina, grita:

"Quem está aí? Qual o maluco que sai de casa com um tempo desse?"

"Sou eu, o irmão Geraldo do convento de Nossa Senhora da Consolação de Deliceto!"

"Mas, meu irmão... que coragem e que aventura!... Só o diabo se aventuraria por estas estradas e numa noite dessas!"

Geraldo, sorrindo, divertido:

"O diabo?!... Digamos melhor, 'seu' Cappucci, que é o amor do Pai do Céu que não consente que suas 'crianças' percam o caminho ou quebrem o pescoço numa mata escura..."

XXII
O TESOURO DE GERALDO

– *De Geraldo ser um autêntico cartuxo em casa estou mais que convencido, mas e o apóstolo fora?*

Simplesmente, Geraldo não perdia vasa de trazer para o Reino de Deus os que encontrasse dele afastados. Quase sempre, ao voltar de suas andanças, pedindo ajuda para a construção do convento de Deliceto, ele trazia consigo uma "ovelha tresmalhada". E todo alegria anunciava ao padre Fiocchi:

"Fisguei-lhe um peixe graúdo, meu pai. O Pai do Céu vai ficar muito contente. Ajude-me a trazê-lo para a rede!"

– *E o padre Fiocchi?*

Abria seus grandes braços e seu coração maior ainda para hospedar estes "prodígios" em quem Geraldo despertava a saudade da "Casa do Pai".

Ele acompanhou os missionários em algumas "Santas Missões" e estes descobriram logo uma tática infalível para os pecadores mais endurecidos. Dizia-lhes:

"Por favor, vá falar um bocadinho com aquele irmão que está sempre rezando na igreja".

E eram favas contadas. Os piores pecadores tornavam-se os melhores penitentes e até apóstolos junto a outros. E muitos perseveraram no bom caminho até o fim da vida. Os padres Caione e Margotta costumavam dizer:

"Cem missionários, tarimbados na profissão, não conseguiriam tantas e tão duradouras conversões como este *missionário de ocasião*".

Quem ficava furibundo era o "mestre da perdição". Estas voltas para o Pai, tão numerosas e edificantes, não lhe agradavam mesmo. Por muitas vezes, tentou intimidá-lo de muitas maneiras. Mas o sinal da Cruz, os nomes benditos da Santíssima Trindade, as invocações de Jesus e Maria eram as armas invencíveis de Geraldo nesta luta. Era assim que ele respondia ao seu arqui-inimigo:

"Ladra o quanto queiras, besta maldita, já que não podes morder-me, pois trago comigo Jesus e Maria!"

A paixão de Geraldo foi levar todos a Cristo. Ele foi um verdadeiro caçador de almas. Campânia, Lucânia e Apúlia foram o palco de muitas e verdadeiras conversões.

– *Como aquela do bandoleiro...*

Ah! Sim.

Hoje, ele vem voltando de uma viagem e passa por um atalho dentro de uma mata. Está muito cansado, com as roupas em petição de miséria, a batina em molambos, a capa era farrapos só, o chapéu desabado, caindo pelos lados da cabeça.

– *Parecido com um assaltante de estradas daqueles tempos...*

Por certo que não é o retrato de um religioso. Talvez de um feiticeiro, sim. Traz nas mãos um livro velho de orações que, de vez em quando, ele abre, para e lê um pouco.

Pelo mesmo atalho, acontece vir vindo um bandido de verdade, ou melhor, mais um destes esmagados e roubados pelas estruturas sociais, como acontece até hoje. Eles viviam escondendo-se nos matos, foragidos da polícia, e roubavam nos sítios e de quem encontrassem pelas estradas. Armados, sempre prontos a matar ou morrer.

Este de hoje, astuto, talvez bem calejado nas rapinagens, vinha de longe observando Geraldo e matutando consigo:

"Puxa, que cara estranho! Quem pode ser um sujeito desses por aqui? Fazendeiro cheio de grana, a quem eu possa aliviar dela? Não parece ser... Não é tipo de assoar nariz em cheques de banco... Hoje não é meu dia de sorte... Ou quem sabe?... Seria um "colega" de profissão?... Talvez... Talvez seja um doido, fugido do hospício!... Quem andaria lendo um livro dentro do mato?! Um sábio?... Ah! É isso! Meio feiticeiro, meio mágico, ou qualquer coisa assim... Mas que anda sondando por aqui?... Ah! Entendi... É um destes sábios e que está na pindaíba, por isso anda atrás da "pedra filosofal" ou de uma panela bem cheia de dobrões de ouro... Garanto que é isso. Meu faro não nega... É... nessa vou ver se me embarco também..."

O bandido (chamemo-lo assim) ajeita o trabuco e o cabo do punhal no cinto e vai se achegando a Geraldo:

"Olá, meu chapa!"

Geraldo meio surpreendido com a presença do bandido e, já farejando, também ele, a sua oportunidade, responde como se não estivesse ali:

"Olá, amigo! Tudo certinho! Tudo legal?"

"Então?... Desenferrujando as pernas?... Tomando um arzinho, professor?"

"É como está vendo..."

"Tempo bom, hein?... Para ir à caça..."

Geraldo faz que não entende, e o bandoleiro tenta explicar-lhe com gestos de entendido no assunto:

"... à caça de um tesouro... está claro... nada mais que uma botija bem grande e cheinha de 'arame!'..."

Geraldo pega e deixa:

"Oh! Sim. Ando atrás do *meu* tesouro!..."

"Então já fariscou algum por aqui...?"

"Hum... Hum... é... mais ou menos."

"Mas ainda que mal pergunte: o mestre está indo, ou já está voltando da caçada?!..."

"Isso depende."

"Depende de quê?"

"Não é de quê. É de você em primeiro lugar."

"De mim?! Está brincando, mestre!"

A esta altura os olhos do bandido fulguram de gozo. E continua:

"Já estava contando comigo, mestre?... Quer dizer que eu entro na 'sociedade'? Quer que eu ajude a desenterrar a grana, não é?"

"E por que não?... É mais ou menos isto..."

"Mas este tesouro que o mestre anda procurando é grande? Vale a pena?"

"Já que estamos na trilha, por que não procurar um grande mesmo?!"

"De acordo... mas o mestre está seguro de o encontrar?"

"Oh! disso nem duvido. Estou mais que seguro do meu tesouro!"

"Que é que é isso?... Do seu?..."

Aí o bandido ajeita com gesto nervoso o cabo do punhal no cinto e fala decidido:

"Olhe cá, mestre! Entro na 'sociedade', mas comigo é rachar no meio... tá legal?"

"Certamente."

"Assim é que se fala, tudo claro e esclarecido... Conte com o degas aqui!"

Geraldo sorri, entre triste e divertido, encarando o bandido:

"Mostro-lhe meu tesouro, caso você..."

"Eh! Meu gajo!... Duvida de mim? Por quem me toma?!... Veja aí, só de mortes!"

Geraldo interrompendo-o:

"Vejo que é corajoso. Mas é que temos de entrar mato adentro, e enquanto isso vai me contando, por alto, sua vida, para eu 'ver' se posso confiar em sua pessoa!"

"Se quer saber... veja, da classe eu sou o pior nesta redondeza..."

"Muito bem!"

"Comecei surripiando o 'pezinho de meia' da mamãe para o gandaiar com a turma."

"Bravo!... Ótimo!"

"E, quando o tutu secou, roubamos para continuar na farra... sabe como é..."

"Está se saindo muito bem... e depois?"

"Assim foi indo, enquanto pôde durar. Mas para poupar-lhe tempo..."

"Oh! Não. Sou-lhe muito grato, mas continue. Isso faz parte da busca do tesouro. Sou todo ouvidos..."

"Depois assaltamos uma casa... depois foi uma fazenda... depois outra... a polícia atrás, e a gente fugindo... depois outra... outra... nem tem mais conta!"

"Perfeito! Assim começam, e assim fazem todos os assaltantes!"

"E o primeiro homem que matamos..."

"Oh! também isso?! Mataram um homem!... Já era de se esperar."

"Esquente não, mestre!... Era um 'gorila', um policial metido a besta, por isso tivemos de ensiná-lo a viver."

"É formidável!... Ensiná-lo a viver, matando-o!?... E isso não lhes ensinou nada?!"

"Sim. Aprendemos a 'arte'."

"Quer dizer, pegaram o hábito de matar?!"

"É a vida, mestre... temos nossas precisões também..."

E, assim, chegaram lá aonde o mato era mais espesso e denso. Geraldo avança resoluto e chama o bandido a segui-lo. Este vai cautelosamente. Mão no cabo do punhal, ou "acariciando" o trabuco. O folhame das árvores era dos mais densos por ali. Pouca luz e muita umidade. Geraldo tira sua capa e a estende sobre as folhas mortas, e diz:

"É aqui!"

O bandido meio desconfiado pergunta:

"Tem certeza de que é aqui mesmo?"

Geraldo com certa rispidez:

"Quando se caça um tesouro é preciso sujeitar-se a um 'trabalhinho', não lhe disse?... Ou agora está com medo?"

"Medo, eu?!"

E a mão do bandido procura instintiva o cabo do punhal:

"... é coisa que nunca tive, mestre".

"Claro. Já matou até um policial!"

"Bom... mas isto não foi nada. Afinal era um 'gorila' que tentou prender-nos... Foi até uma 'limpeza'... Mas as crianças..."

"O quê?... Crianças também?!..."

"Bem, mestre... o senhor entende... a gente não gosta... ninguém gosta... mas toda vez que matei uma criança... fiquei com pena, sinceramente!"

"Prova que seu coração é bom."

"Sou até sensível por natureza, mestre. Sei disso... e tenho de precaver-me... o caso dos 'velhos' é que foi ruim mesmo..."

"Também seus velhos pais?!"

"É... quando fui pedir minha parte na herança, o velho me gritou na cara: 'Ainda não estou morto!... Vá trabalhar, vagabundo sem-vergonha!...' Aí o sangue ferveu, e..."

"E o matou?"

"Sim."

"Tem a sua lógica... ele ainda não estava morto..."

Segue um grande e pesado silêncio, durante o qual Geraldo olha o bandido nos olhos e "lê" seus muitos crimes. Este fica todo desconcertado e continua pesaroso:

"... É... e a mamãe morreu de desgosto... É que tive de fugir... Quando soube, chorei... Digo sem me envergonhar. Chorei! Minha boa velha!... Pobre da minha velhinha!"

Volta o silêncio a pesar. O bandido enxuga na manga do casaco uma lágrima furtiva. Geraldo, como se esperasse por este momento, ataca de seu modo:

"Tudo isso é formidável, magnífico, soberbo... E agora, meu irmão, ao tesouro!... Aproxime-se e ajoelhe-se sobre esta minha capa!... Assim... de mão postas... como se estivesse na igreja rezando!... Assim..."

O bandido, de olhos muito abertos, fica como bestificado. E Geraldo começa a rodopiar freneticamente por entre o arvoredo, dança como se fosse um autômato. Seu rosto se transfigura por completo. Aí o rapaz estremece, e os pensamentos o assaltam e borbotões e sem nexo:

"É o ritual de magia negra... Agora ele está invocando o diabo!... e se ele aparecer para mostrar-lhe o tesouro?... e me agarrar também?..."

Geraldo gesticula, fala com longínqua solenidade:

"Ladrões... salteadores... aqui, ali, ao redor... Eles vêm de toda parte... Ui! Ai!... À morte! À morte com Ele!

O tesouro está no meio deles, é uma estrela, é um caniço... é um rei coroado... Há sangue no caminho... há sangue por toda parte..."

Aproximando-se do bandido, diz-lhe:

"Escuta... Está ouvindo?!... O tropel dos cavalos?... E aquele que lava as mãos!... Porque é um dia de festa... e o maior tesouro vai ser colocado entre a montanha. Todo mundo verá. E não o reconhecerão!... Mas os que o reconhecerem serão ricos por toda a vida... até o fim da eternidade! E você quer ser rico, quer? ... Quer? ..."

O bandido está todo encabulado e só responde gaguejando:
"Cla... cla... claro, mestre... que... que... quero, sim!"

"E o será. Eu lhe garanto: o será! Disse-me que é valente, pois chegou o momento de provar."

"Que... que... que que eu devo fazer, mestre?!... Cavucar um buraco?... Escavar um monte?..."

"É sobre um monte, com o trovão... um trovão de Deus, e é o caso de dizê-lo, um sol que se escurece...

Para um tesouro como aquele, nada é demais, nada é belo e grande demais! Ainda ladrões, ladrões... de cada lado, à sua direita e à sua esquerda, mas apenas um ladrão sabe que o tesouro, o grande tesouro do mundo está diante dele. Ah! Feliz ladrão! Como vai ser rico!"

O bandido estremece e diz:
"Oh! Mas de que está falando agora?"

E Geraldo:
"Uma coisa ainda preciso dizer-lhe, porque sua mãe... não é verdade que você sentiu, que você chorou, quando ela morreu de pesar por sua causa?!"

"Sim, foi verdade, mas..."

"Sobre este monte há também uma mãe assim, que morre de tristeza!"

E Geraldo, patético, recomeça a sua "dança" por entre as árvores:

"Ó! Mãe! Ó! Mãe! Neste momento aqui não sejam inúteis as tuas lágrimas! O teu tesouro inestimável está elevado diante de todos... todo coberto do próprio sangue... Ó Mãe! Não deixes correr em vão o sangue que derramou! Mãe! Mãe! Mostra-nos teu tesouro e que ele resgate, de uma vez por todas, as nossas faltas!..."

A esta altura, Geraldo cai de joelhos diante do bandido que está confuso a mais não poder:

"Mas... mas, mas, então, seu mágico... seu alquimista... professor, cadê o tesouro?!"

Geraldo tira de sobre o peito, por baixo da batina, um crucifixo e apresenta-o ante os olhos esbugalhados do bandido:

"Ei-lo! Eis aqui o tesouro! Por você, por mim, por todos nós, sobre a cruz!"

"O quê?"

"Sim. O tesouro que perdeu vivendo tantos anos no pecado, perdido na lama do inferno. Mas eis aqui seu Deus que o ama, que o chama desde esta cruz, na escuridão do bosque!

Você me contou toda a sua vida de horrendos crimes e pecados sem conta. Você me falou da morte de sua mãe por sua causa. Respondi como me foi possível. Não podia fazer melhor. Prometi-lhe o meu tesouro, e é este aqui.

Os ladrões somos nós que o matamos ante os olhos de uma mãe a chorar."

O bandido está comovido. Chora e suas lágrimas rolam-lhe pelas faces. Geraldo deixa-o chorar. Dali a pouco suas lamúrias ecoam pela mataria. Grita o seu arrependimento e a sua dor. Então Geraldo transforma-se em doce e materno como uma mãe. Toma-o pelo braço e diz-lhe, passando-lhe o cordão do crucifixo em volta do pescoço:

"Vamos, prometi-lhe o tesouro. Vamos, meu irmão! Este arrependimento e uma boa confissão no convento de Deliceto, e o tesouro será seu para sempre!"

E foi assim que, naquela tarde, chegaram ao convento de Nossa Senhora da Consolação o lobo feroz da mata e o cordeirinho de Deliceto, onde o aventureiro e assassino encontrou na caridade dos discípulos aquela paz que só o *Mestre* pode dar: o tesouro de Geraldo!

XXIII
CARTUXO E MISSIONÁRIO

Toda a vida de Geraldo se resumiu nisso: pobreza, castidade e obediência. Mas foi no dia 17 de julho de 1752, aos pés de Nossa Senhora da Consolação, em Deliceto, que ele se ligou *perpetuamente* ao Santíssimo Redentor por votos, naquilo que ele já vivia por virtude.

– *Que significam "votos"?*

Na igreja católica, os votos religiosos significam a radicalização consciente das promessas batismais por parte daqueles que os emitem.

Para Geraldo, emitir estes votos, segundo as leis da Igreja, era o *sinal* externo do que ele era e vivia...

– *Teria sido também, nessa ocasião, que ele fez o seu voto pessoal de "fazer sempre o que, perante Deus, lhe parecesse mais perfeito".*

Talvez, mas dificilmente se saberá um dia...

Normalmente, terminado o Noviciado, a obediência assinala ao novel religioso o lugar e a tarefa de que deve se ocupar no grupo em prol do Reino de Deus.

– *Mas com Geraldo tudo foi incomum...*

Por isso, a obediência lhe prescreveu ficar em Deliceto mesmo e ocupar-se com as mesmas tarefas que já vinha realizando.

Vinte e seis anos contava este jovem religioso que, três anos atrás, o padre Cáfaro enviara ao padre Lourenço d'Antonio como "uma boca inútil", uma sobrecarga para o tão empobrecido convento de Deliceto.

– *Agora é o próprio convento que não pode prescindir dele...*

Nem boca, pois que ele comia nada, ou quase nada, nem inútil, já que ele trabalhava por quatro dos mais robustos da casa!

Ele mesmo cultivava as flores para a igreja e sempre as renovava. Não suportava flores murchas, sobretudo ao lado do Tabernáculo, onde residia o seu "Amigo", e aos pés de Nossa Senhora da Consolação que recebeu tantas florinhas de sua mão e, de seus lábios, as preces mais "apaixonadas".

Mas, como membro de uma congregação missionária, sua vida pública iria se intensificar.

O padre Fiocchi, homem de bom senso e zeloso pelo Reino de Deus, não julgou acertado "ocultar debaixo do alqueire esta luminária", sob pretexto de tratar-se de um jovem religioso-leigo. Como para o seu "Amigo" Jesus, foram três os anos de sua vida pública.

E três regiões, principalmente, foram favorecidas com suas atividades missionárias: Deliceto, Nápoles e Materdomini; a palavra de ordem do Fundador dos Redentoristas era "Cartuxos em casa, apóstolos fora!"

– *Que é cartuxo?*

São religiosos contemplativos que levam uma vida, quase inteiramente, de silêncio.

– *E que cartuxo não foi Geraldo!*

E que missionário não haveria de ser!

Como dizem os santos evangelhos a respeito de Jesus, também (guardadas as devidas proporções, é claro!) de Geraldo se poderia dizer que passou estes três anos de sua vida fazendo o bem. Semeou nas pessoas e lugares por onde andou a graça de Deus. O seu dom de operar milagres atraiu verdadeiras legiões de pessoas que acorriam ávidas por vê-lo e tocar nos molambos desfiados de sua batina surrada e remendada.

Na retaguarda do apóstolo estava sempre o cartuxo. Seu regime de preces, jejuns, disciplina, dormir sobre a terra nua, era sempre o mesmo até nos palácios de bispos ou barões.

– *Mas, na vanguarda do cartuxo, lá estava o apóstolo...*

Sim. Geraldo tem fome de Deus e das almas a salvar. Ele escreveu por esta época:

"Deus meu, possa eu converter tantos pecadores quantas gotas d'água contêm os oceanos, grãos de areia as praias dos mares, flores os campos, e folhas as árvores de toda a terra!"

Para os que participavam dos retiros espirituais, em Deliceto, ele tentava quase o impossível. Os meios já são nossos conhecidos: noites em vigília de oração, jejuns e penitências pela conversão dos pecadores mais recalcitrantes. Quando se fez preciso, ele lançou mão de uma eloquência direta e muito concreta. Capaz mesmo de mover até as pedras! Desvendava aos olhos dos mais empedernidos o mundo sobrenatural de que nem sequer imaginavam a existência.

E seu olhar, que "enxergava" até no íntimo das pessoas, penetrando as consciências e "lendo-as" como se fossem livros abertos para ele!

E a sua voz macia de brisa mansa tornando-se ameaçadora de horríveis castigos eternos para os endurecidos no mal!

– *Acho pena que Geraldo não tenha recebido a ordenação sacerdotal!*

Pois garanto-lhe que pouca falta lhe fez, se fez. Ele conhecia a teologia da salvação e a do coração das pessoas bem melhor que muitos padres e possuía sobre eles a vantagem, em toda a força da palavra, de ser um santo de verdade.

– *Como foi o acontecido com aquele rapaz de Lacedônia?*

Era um libertino desmiolado, o escândalo da cidadezinha. O senhor bispo, em Lacedônia, já tinha esgotado sua reserva de paciência com ele, e o moço sempre aprontando das suas.

De certa feita, a coisa passou dos limites. As autoridades e o bispo (como era de costume, então) tomaram uma atitude drástica: obrigaram-no a fazer retiro espiritual, em Deliceto, pregado pelos padres Redentoristas.

– *E o rapaz aceitou?*

Que remédio!? Era lei naqueles tempos. Se não aceitasse ver-se-ia numa bruta enrascada. Por isso, foi mais por pura formalidade. "Uma caiação externa" como ele mesmo dizia.

A jogada era enganar temporariamente as autoridades para recomeçar tão logo aparecessem as oportunidades.

— *Era o que ele calculava, mas sem contar que em Deliceto morava um santo.*

Ouviu as pregações, confessou-se sem qualquer arrependimento e sem a mínima vontade de mudar de vida.

— *Pelo visto, a sinceridade não era uma das suas características...*

Na hora da missa para os retirantes, aproximou-se com os outros para receber também a santa comunhão. Para felicidade sua, o irmão Geraldo rondava por ali e barrou-lhe os passos:

"Aonde vai?"

E o rapaz entre jovial e divertido:

"Ora, meu irmão!... Vou comungar... o retiro não é para isso?... A gente ouve os bons conselhos dos padres... comunga com fervor..."

Geraldo encara-o com olhar fuzilante:

"Comungar, meu amigo?! O senhor tem coragem disso?! Nessa morada tão cheia de imundícies querer hospedar Deus!... Não... sua consciência está muito suja... mais suja que debaixo do poleiro das galinhas!... É preciso lavar sua consciência... os pecados que escondeu na confissão. Pense na sua consciência! Vá se confessar primeiro, confessar-se bem, confessar-se com sinceridade de arrependimento e propósito! Deus é Pai incomparavelmente bom, mas é também incomparavelmente justo. Não se esqueça disso! As consequências podem ser terríveis para o senhor. Não se brinca com o Amor de quem morreu pelo senhor. Confesse-se bem, senão a terra vai se abrir e o engolirá, pense nisso, hein!"

— *Convenhamos, foi um murro na cara do moço! Por essa é que o nosso jovem não esperava.*

Palavras caridosas e, ao mesmo tempo, sérias e severas. Convenhamos, pois não?... E o que é mais sério, proferidas por um santo que as vivia na fé. Tinham de surtir bom efeito.

— *Então, o rapaz confessou-se novamente!?...*

E confessou-se bem. Voltou a Lacedônia com as melhores resoluções, infelizmente duraram pouco.

— *É. O braseiro de paixões arraigadas e envelhecidas acaba com "fogo de palha!"*

Não foi bem um "fogo de palha". O vento levou os bons propósitos não tendo a presença de um Geraldo para os cimentar.

A vida desbragada recomeçou e o estado do rapaz ficou bem pior. Mas tentando salvar as aparências, voltou, por própria vontade, a Deliceto, no ano seguinte, para os exercícios espirituais, e encontrou-se logo de cara com o irmão Geraldo. Tentou ser jovial e expansivo:

"Oh! Oh! Mas que vejo! Que alegria, irmão Geraldo, por reencontrá-lo aqui... Como vai de saúde, meu irmão?... Trabalhando muito?..."

"Assim, assim, meu jovem... E muito prazer em revê-lo. Você aproveitou-se tão bem do retiro passado..."

"Tudo graças ao senhor, meu irmão."

"Oh! Não... eu não passo de um pobre irmão leigo e nada mais. Mas está mesmo em paz, meu amigo?"

E, ao fazer esta pergunta, o olhar de Geraldo faiscava como relâmpago. O moço começou a descontentar-se, mas respondeu:

"Tudo legal, meu irmão... Perfeitamente em paz, meu bom irmão!"

– *E aí, ele entrou pelos canos!...*

Ou melhor, saiu do esgoto em que estava metido, porque era impossível tapear Geraldo. "Ele lia" as consciências e conheceu tudo que se passava com o moço, a enormidade de seus pecados. Convidou-o:

"Venha! Vamos entrar e ver o quarto que lhe preparei. É aqui!"

Entram no quarto, Geraldo fechou a porta e as janelas. O rapaz ficou inquieto...

"Mas quanta bondade sua, irmão Geraldo, em arranjar-me um quartinho tão legal... tão bem..."

Geraldo vai direto ao ataque:

"A porta e a janela estão fechadas. Estamos a sós: *nós três*!

"Nós três?! Não vejo aqui mais que o senhor e eu!"

Geraldo tira do peito, de sob a batina, um crucifixo, e ergue-o ante os olhos do rapaz que fica meio estonteado:

"E Ele? Você se esqueceu dele?!"
"O quê?"
"Infeliz e desgraçado jovem! Vem aqui, mais uma vez, abusar da bondade, do amor e da misericórdia de seu Deus! Pisar este sangue derramado por você, ingrato! E ousa dizer que tudo está bem consigo... E a sua consciência está em paz? Vil mentiroso! E a guerra de pecados inomináveis que lhe move, moço debochado?! E o sangue que faz correr destas feridas!? Foi você, libertino perverso, quem as abriu no corpo de seu Deus, tão numerosas, tão profundas!

Sim! Olhe estas chagas! Veja esta terrível coroa de espinhos sobre esta cabeça! É o travesseiro que seus desmandos preparam para Ele! Veja estas costas cortadas de açoites! Este corpo marcado de golpes é o resultado de seus gozos infames! Veja este rosto cheio de escarros, tão triste... chora por você que vai se perder eternamente... seus prazeres vergonhosos fizeram tudo isso, jovem debochado! Olhe aqui. Sim, olhe bem aqui! Não se acovarde... Não há sangue escorrendo do corpo de seu Deus pregado nesta cruz?"

A contragosto o moço fixa o crucifixo de Geraldo, empalidece, toca-o com um dedo, e geme desesperado:

"É sangue... é sangue... irmão Geraldo! É sangue verdadeiro! Sangue do meu Deus!... Donde vem?... Donde brota?! Dize-me, ó irmão Geraldo!..."

"Vem dc você. Brota de você e de todos os pecadores do mundo... que mal que lhe fez Jesus que, para salvar nasceu numa gruta e morreu desprezado numa cruz!"

"Para me salvar, irmão?"

"Sim. E mude de vida, suplico-lhe!"

E aqui Geraldo cai-lhe de joelhos a seus pés:

"Mude agora mesmo. Cesse de ofender ao bom Jesus! Cesse de zombar dele! Deus é misericórdia e perdão, mas a hora da justiça se aproxima e com ela o castigo eterno!... Se continuar neste caminho, veja quem o espera!"

Geraldo aponta para um canto do quarto. Aos olhos do jovem libertino parece que um demônio horrível avança para o agarrar. Desesperado, horrorizado, o moço agarra-se a Geraldo gritando:

"Não! ... Não! ... Ai de mim, desgraçado! Estou perdido! Vou ser engolido pelo inferno agora mesmo. Piedade, irmão Geraldo, piedade de mim".

"Fora daqui, besta maldita!"

É a voz de Geraldo que comanda, e a visão terrífica desaparece diante dos olhos do moço.

– *E depois?*

Transformou-se totalmente o viver de nosso jovem. Banhado em lágrimas incontidas, não esperou mais um minuto, foi prostrar-se aos pés do padre Petrella para uma confissão total e de verdade.

– *E como se soube disso? A confissão não tem um sigilo?...*

É que o rapaz permitiu ao confessor publicar tudo o que ele lhe contou no segredo da confissão.

Voltando a Lacedônia, desta vez a fogueira das paixões não teve força de reacender-se. Tornou-se um modelo de cristão e permaneceu assim até a sua morte.

– *Feliz dele por ter encontrado Geraldo em sua vida!*

XXIV
EM MURO

A primeira saída de Geraldo, após sua profissão religiosa, foi para a sua cidade natal: Muro Lucano.
– *Matar saudades?*
Deixe de tolices! Não seria Geraldo.
Foi pedir ajuda para seu pobre convento de Deliceto.
– *A economia estava tão mal?*
É o seguinte: naqueles tempos os Redentoristas pregavam as "Santas Missões" nos lugares mais empobrecidos dos Apeninos e da Apúlia sem qualquer ônus para os habitantes. Os missionários costumavam alugar uma casa na região para missionar, e ali se alojavam, às próprias custas, enquanto durassem as pregações da Palavra de Deus. As grandes despesas de hoje, com carro próprio ou avião, eram impensáveis, então. Normalmente, viajavam a pé ou a cavalo...
– *Mas as exigências dos tempos mudaram, pois não?*
Certo. Por isso, qualquer comparação de agora com aquela "idade de ouro" da Congregação Redentorista resulta, quase sempre, injusta e inverídica. Os propósitos de hoje são os mesmos, os meios para atingi-los é que mudaram.
– *Mais uma adaptação às exigências dos tempos!...*
E como eu ia dizendo: o trabalho das missões era inteiramente gratuito.
– *Mas espere aí!... Gratuito, mas pago por alguém. Os missionários tinham de viver e para viver precisavam de alimentos que, ontem como hoje, exigem muito dinheiro para se comprar...*

Acresce a isto que o convento de Deliceto era a penúria personificada.

Então, a solução encontrada foi estender a mão a quem pudesse ajudar.

– *Entendido. As populações pobres missionadas não pagavam diretamente por este trabalho apostólico, mas outros pagavam por elas... e não era isso que eu dizia?*

Seja! Tudo era com base na partilha e na fraternidade, uns ajudavam os outros.

– *Seja, também! É que gosto de clarear as ideias. Afinal, o método é o mesmo. Em termos de economia se poderia dizer: os missionários ganham num lugar o que investem, na pregação de missões, noutras regiões. O daqui paga ali.*

A diferença é que os pedidos de ajuda não eram feitos durante as pregações no local. Normalmente, um irmão saía coletando estas ajudas pelas cidades e aldeias. Os senhores bispos da região tinham aconselhado este método.

Ora, Muro contava com pessoas muito boas e generosas. E quem melhor para esta tarefa que o jovem religioso Geraldo Majela?

– *Então Muro reviu o seu Pazzerello (louquinho) que, três anos antes, fugiu dela para "se fazer santo".*

E pedira: "esqueçam de mim!" Mas acontecera o contrário. Suas "loucuras", apoiadas por tão eloquentes sinais do Céu, eram relembradas e comentadas nos serões à noite. Também o eco de sua fama de santo já extravasara Deliceto e ressoara em Muro.

– *Mas sigamos seus passos por lá!*

A recepção foi um triunfo. Na primeira fila, os pobres a quem tanto ele ajudara no passado. Também as pessoas de prol, do local, vinham beijar-lhe as mãos e pediam, como grande favor, para ele se hospedar em suas mansões. Padres e religiosos quiseram ouvir sua opinião sobre assuntos difíceis de Pastoral e Teologia, pois o têm como homem inspirado por Deus. A ciência infusa tornara-o mestre sem ter estudado. Foi-lhe pedido e ele aceitou falar para os seminaristas sobre o difícil texto do Evangelho de São João: "No princípio era o Verbo" (Jo 1,1). Com as Clarissas ele teve vários entretenimentos espirituais. Eis aí o testemunho de alguém e que ficou registrado:

"Cada um desses entretenimentos valia por uma pregação quaresmal".

Também o senhor bispo de Muro quis conversar com ele.

– *E qual foi a impressão?*

"É um coração cheio de Deus, cuja presença é uma visão do Paraíso."

– *Visitou mamãe Benedita?*

Claro que esteve no ranchinho da velha mamãe. Agora vivia sozinha como pássaro em ninho abandonado.

– *Hospedou-se com ela?*

Não. Ele tinha se comprometido por voto: "de fazer sempre o que lhe parecesse mais perfeito diante de Deus", e, nesta ocasião, ele achou mais perfeito ir mendigar uma hospedagem com os padres conventuais franciscanos de Muro.

– *Mas... coitadinha da pobre velha! Sozinha no seu tugúrio... deve ter chorado...*

Penso que não. Mamãe Benedita entendia o seu Geraldo muito melhor que nós. Foram três anos de ausência e saudades, é verdade. Mas agora seu coração pulava de alegria revendo seu filho, sabendo-o contente e ouvindo o que se contava dele.

É possível que, em sua intuição materna, tenha pressentido ser esta a última vez que veria, nesta terra, este anjo encarnado e brotado de seu seio, que "crescera em idade e graça" em sua pobre casa e que, muito em breve, voltaria para o céu. E uma lágrima furtiva, brotada do contentamento e da dor, rolara-lhe pelas faces...

– *Feliz dona Benedita Cristina Galella!*

Como outrora a mãe de Jesus, após o drama sangrento do Calvário, também ela continuaria, por uns vinte anos ainda, a recordar o passado com o seu Geraldo. Seus dedos nodosos e trêmulos não se cansavam de virar e revirar o amarelado papelinho em que Geraldo "explicava-lhe" sua fuga de casa: "Parto para fazer-me santo. Esqueçam de mim!" E seus lábios murmuravam como outrora: "Deus te abençoe, meu filho". (Figlio mio, sii Benedetto!)

Geraldo está em Muro. É um corrupio, rodando por toda a cidade. Curas de doentes, predições, revelações vão marcando seus passos. A uma irmã Clarissa ele censura:

"Irmã, e esse pecado que a senhora omitiu, propositadamente, já por três vezes, na confissão?!..."

A uma outra ele diz:

"Desfaça-se desta joia que tem consigo, contrariando seu voto de pobreza radical... este coraçãozinho de ouro está ocupando no seu coração o lugar que só a Deus compete!"

Ao senhor Antonio di Rubertis ele diz muito sério:

"Por que não confessou ainda que foi o senhor quem matou aquele ladrão em sua vinha?... Não se faça de esquecido, 'seu' Antonio! É aquele homem que o senhor matou e enterrou entre as parreiras, bem perto do rancho!"

Mais tarde, o filho deste escriturário quis certificar-se e descobriu, no lugar exato indicado por Geraldo, a ossada de um homem...

Mas até o senhor bispo vem-lhe com um pedido:

"Gerardo mio, rogue a Deus que me tire este reumatismo das pernas e dos braços que tanto me tortura!"

E Geraldo respondeu-lhe:

"Senhor bispo, aceite com resignação esta cruz, e Deus será glorificado nisso!"

Geraldo faz uma visita a um velho amigo, o ex-órfão, Alexandre Piccolo. Aproveita um momento de desatenção dos demais para sussurrar à esposa de Alexandre:

"Sua consciência não está em boa paz, minha senhora. Faça logo uma boa confissão, pois pouco tempo ainda lhe resta para viver!"

– *E aconteceu?*

Como Geraldo previu.

Mas ele não é arauto de notícias dolorosas somente. Também a vida acompanhava-lhe os passos. O filhinho mais velho dos Piccoli tornou-se amigo de Geraldo. Ele já "roda" por toda Muro, mas acaba de levar um tombo medonho num daqueles escadós das ruas em ladeira. Bateu com a cabeça numa pedra. O sangue escorre em abundância. Gente acorre e o comadrio das ruas comenta:

"Morreu?"

"Não; mas está muito mal!"

"Foi uma queda?"

"E enorme... acho que nem escapa. Está brotando sangue pelo nariz, pela boca, pelos ouvidos..."

"Deve ter quebrado dentro da cabeça!"

"Correram com a criança nos braços para atendê-la na casa mais próxima."

"Ah! Coitadinho, morre mesmo!"

Mas aparece Geraldo, sereno como sempre. Traça o sinal da cruz na fronte do menino e... os gritos de admiração se sucedem:

"Uai... que aconteceu? Mas, minha Nossa Senhora! O menino não tem mais nada! Milagre! Milagre! O irmão Geraldo curou o menino!..."

De outra feita, Geraldo visita um outro amigo seu, o senhor Cármine Petrônio. O "benjamim" deles já conta três anos e é a alegria e luz da casa, enchendo-a com seus gritinhos e risos. Fixando a criança, Geraldo diz meneando a cabeça:

"Ah! Meu pequeno Antônio! Muito em breve será levado desta terra e vai morrer com um instrumento de música nas mãos".

Foi aquela tristeza na casa. Imagine só, era Geraldo quem predissera! Passado algum tempo, o garotinho cai doente e, certo dia, pede para brincar com seu violãozinho. Dão-lhe o instrumento, e mal seus dedos ferem as cordas, este tomba-lhe das mãos... Acorrem. Mas o garoto está morto!

Geraldo estende sua missão de coletor de esmolas até San Menna. Aquela mesma localidade que abrigava o convento dos capuchinhos, a cuja porta ele batera um dia, pedindo ser aceito entre os filhos do "Poverello de Assis", e, em cujos arredores, deu suas vestes novas, ganhadas do tio, a um pobre mendigo. Mas, hoje, ele está ali à porta de uma oficina de um mestre-ferrador de cavalos, oficinas tão comuns naqueles tempos como, em nossos dias, são os postos de gasolina. O mestre-ferrador cuida dos "sapatinhos" do *Raposo*. Com gestos rápidos e precisos, desempenha sua profissão, observando Geraldo com o rabo de olho. E matuta lá consigo:

"... um monge... um santo, talvez... mas, afinal, um boboca que nada entende de negócios e de dinheiro... olha só como não para de desgranar seu rosário! Deixe estar... meu frangote, que hei de depenar-te... afinal não é todo dia que me aparece um trouxa..."

Quando as quatro ferraduras ficam "bem plantadas", e o Raposo as estreia sapateando sobre o lajeado da porta, Geraldo pergunta ao ferrador:

"E, meu amigo, quanto lhe devo?"

E fica de queixo caído ouvindo o preço. "Nem santo Elói cobraria tanto para as ferraduras de ouro do cavalo do rei." Com toda calma, Geraldo volta-se para o *Raposo* e lhe ordena:

"Devolva as ferraduras a este ladrão!"

E o *Raposo* como se entendesse, com movimentos secos, uma pata depois da outra, um pé e o outro, foi colocando diante do ferrador, bestificado com o que via, as ferraduras que lhe foram ajustadas nos cascos com cravos e rebatidos... Depois Geraldo despede-se:

"Passe bem, meu senhor! E até à vista!"

– *E o ferrador?*

Por essa é que não esperava. Fica ali meio besta, olhando as ferraduras que, talvez, lhe assentassem melhor nas solas dos pés e nas palmas das mãos. Quando volta a si do espanto e quer remediar o sucedido, grita a Geraldo:

"Mas, senhor monge... Senhor irmão... Senhor irmão!"

Geraldo já está sumindo na curva da estrada, ao longe, nem olha para trás.

Este outro "milagre" é bem mais ao gosto de Geraldo:

Os bispos, os cônegos e os nobres disputam a honra de tê-lo à mesa para o almoço ou a ceia. Mas ele prefere ir esmolar um prato de comida por amor de Deus à porta do seminário ou de alguma casa religiosa!

– *Esta foi a vida de Geraldo: não viver mais para o mundo!*

O mesmo aconteceu em Corato, Castelgrande e Foggia, onde ele andou também coletando ajudas para Deliceto. Só mudou este regime quando lhe foi proibido sob obediência. Nestas saídas não havia ainda a proibição, e ele estava livre para fazer o que lhe parecesse mais perfeito diante de Deus, conforme seu voto.

Depois de um mês é que Geraldo voltou de Muro. Todos foram muito generosos com o seu "Geraldinho".

O padre Caione testemunhou acerca desta generosidade:

"Caso não se pusesse um paradeiro, as damas murenses ter-se-iam despojado de seus brincos e colares, e os senhores teriam até arrancado os próprios olhos para doá-los".

Geraldo despertou o entusiasmo de seus conterrâneos. Ele tinha seus próprios métodos de arrecadar donativos.

Batia à porta de todo mundo: dos pobres e dos ricos, dos nem pobres e dos nem ricos. A todos pedia um donativo para a manutenção de seu convento e dos missionários. E, em cada um, plantava as Palavras de Nosso Senhor. As surpresas eram constantes.

Vamos com ele ao barraco da velha Lucrécia de Ferrantina!

Ela é mais pobre do que Jó no seu monturo. Não possui sequer mais uma ervilha para jogar no saco das esmolas.

Ei-lo em ação!

"Com licença, vó Lucrécia! Pelo amor de Deus e de sua santa Palavra, venho estender-lhe a mão pedindo uma ajuda para os apóstolos que mourejam na seara do Pai!"

"Bendita seja a Palavra de Deus, e benditos os que trabalham na messe do Senhor! Mas a velha Lucrécia, meu filho, não possui nada além de sua miséria... Só me resta um tiquinho de farinha no baú, e, para beber, só água no poço!... Acocorada aqui, diante do fogão, bato os dentes de frio, nem tenho cobertor que me esquente um pouquinho... cama é aquele monte de palha, que está vendo ali no canto... Não posso dar nada, filho, nada mesmo... Se tivesse daria da melhor boa vontade..."

E com esforço despendido para falar, a velha Lucrécia tosse de arrebentar-se. Mas Geraldo sorridente:

"Olhe, vozinha! Um pouco de farinha ou um pão... o que for será bem recebido".

"A colheita foi madrasta este ano, filho. Não consegui mais que três *tomoli* de farinha..."

E a velha volta a tossir de novo.
- *E você me explique o que é tomoli?*
É uma medida.
- *Equivale a quanto?*
A mais ou menos 55 a 56 litros. Os três *tomoli* da velha Lucrécia dariam uns 166 litros de farinha. Mas escutemos que ela volta a falar!

"Assim, filho, antes da próxima colheita já terei morrido de fome. No ano passado, eu dei de coração alegre meio tomoli para a festa da Madonna. Mas este ano, é a pura verdade... não tenho nada, nada, nada para dar..."

"Se, ano passado, a senhora deu meio tomoli, neste ano a senhora vai dar um tomoli inteiro de farinha e a Madonna lhe recompensará. Garanto!"

"Então, filho, não acredita mesmo que a velha Lucrécia é pobre, pobrezinha mesmo. Venha ver. Dou-lhe o último pedacinho de pão que me sobra."

"Tudo não, vó Lucrécia! Um tomoli, ou melhor, só um pão. E, com o que ficar no baú, a senhora vai poder passar até a colheita. Abra o baú! Eu lhe peço, por amor de Deus!"

Geraldo de mãos postas, sorrindo angelicalmente, segue com o olhar os movimentos lentos da velhinha que se arrasta a custo até o baú e destrava a tampa... e... solta um grito erguendo as mãos para os céus:

"Oh! Oh! Senhor! Senhor, meu Deus! Pai que nunca desampara os desgraçados infelizes! Meu baú está cheio de pão! É pão mesmo... pão rosado e quentinho. Meu Deus! Meu Deus... Minha Nossa Senhora!..."

"E o baú não se esvaziará, vó Lucrécia, até a próxima colheita. Há um Pai no céu, cheio de amor e bondade, que cuida até dos passarinhos e das florinhas do mato, não esqueça isso!"

Com efeito, o baú não se esvaziou por todo aquele resto de ano. E a velha Lucrécia ainda repartia com quantos lhe pediam do pão do "Gerardiello".

XXV
UMA PRAGA DE RATOS

Clero e nobres da pequena Corato pediram a presença de Geraldo entre eles. Sua fama de Santidade chegou-lhes por intermédio dos que faziam os exercícios espirituais em Deliceto. E o padre Fiocchi achou conveniente aceder ao pedido.

Geraldo pôs-se a caminho. Mas Corato dista uns cem quilômetros de Deliceto.

– *Uma viagem grande e cansativa, de alguns dias, para quem a fizer cavalgando...*

Isto não era empecilho para Geraldo.

Entre Adria e Corato, já bem perto desta cidade, ele apeia-se e assenta à beira da estrada, debaixo de uma árvore, para descansar e deixar que o *Raposo* descanse também. Pouco a pouco chegam-lhe aos ouvidos as lamúrias e o praguejar de alguém, dentro de um trigal, ali por perto da estrada. Ergue-se e vai ter com o praguejador:

"Meu amigo, por que está praguejando tanto?"

"Ah! Meu irmão... senhor frade... 'seu' monge... ou quem quer que seja... o senhor nem pode fazer ideia, mas..."

"Mas o que está acontecendo, homem de Deus?... Se eu puder ajudar..."

"Ah! Não pode, não! Só Deus mesmo, meu irmão! Só ele tem poder!... Veja meu canteirinho de trigo!... Já quase maduro... E estes amaldiçoados camundongos estão comendo e estragando tudo! Já fiz de um tudo para acabar com eles... mas tem jeito não. Minha família neste ano vai passar fome!..."

E as lágrimas rolavam quentes pela face do desesperado homem. Geraldo entra pelo trigal adentro e o camponês o acompanha por entre as touças de trigo destroçadas. A rataria buliçosa guincha e corre por todos os lados. Geraldo recolhe-se por uns momentos em oração, depois traça com o braço direito erguido um grande sinal da cruz sobre aqueles campos todos.

– *E então?*

Voltando para a estrada, já topam com os ratos mortos e morrendo. Os bichinhos, às dezenas, aos milhares, como se estivessem envenenados, viravam as barriguinhas para cima e morriam.

– *E o nosso lavrador?*

Ao ver aquilo caiu aos pés de Geraldo e beijando-os gritava sua incontida alegria e gratidão:

"Obrigado, homem de Deus! Obrigado, santo homem! Obrigado!"

"Agradece ao bom Deus, meu amigo! E não praguejes mais, estás ouvindo?"

Às pressas, Geraldo monta a cavalo e galopa para Corato. Mas o camponês vai-lhe atrás, contando para todo mundo a sua alegria pela morte dos ratos no seu trigal. Chega a Corato pouco depois de Geraldo, e espalha:

"Milagre! Milagre! Um santo acaba de chegar a Corato!"

E a pergunta insistente:

"Onde está o santo? Onde está o santo?"

Desta vez foi proibido a Geraldo mendigar uma hospedagem a ele e teve de hospedar-se com o senhor Papaleo. Mas Corato não é Lacedônia, Castelgrande ou Muro, onde ele conhecia quase todas as pessoas e sabia onde moravam. Aqui é um desconhecido, exceto pela fama de santo. Mas isto não preocupa Geraldo. Confiante na proteção do seu querido amigo São Miguel, deita as rédeas sobre o pescoço do *Raposo* e deixa-o ir pelas ruelas e labirintos da antiga Corato.

– *E o cavalo, bem comportadinho, o levou até a porta de Papaleo!*

Foi assim mesmo. O *Raposo* parou diante de uma porta e Geraldo se informou:

"Por favor, pode informar-me onde mora o senhor Félix Papaleo?"

"É aqui mesmo. E o senhor é o irmão Geraldo, de Deliceto, que estamos esperando?"

Ele ficou três semanas em Corato, e pode-se dizer que os coratenses em peso quiseram conhecer Geraldo. Na casa de Papaleo ou pelas ruas era sempre aquela multidão.

– *E eu fico imaginando: outrora lá na Galileia o povo seguia assim atrás de Jesus...*

XXVI
EM CORATO

Após o domingo da Páscoa em 1753, Geraldo declara, peremptoriamente, que deve voltar a Deliceto. Todos ficam admirados. Há protestos. Em Corato, alguns não toleram a ideia de não o ver mais. Ele acalma a todos:

"É que recebi ordem de voltar".

"Ordem, irmão Geraldo? Mas ordem de quem? Depois do senhor, não chegou ninguém de Deliceto..."

"Fui chamado, meus amigos, e tenho de ir. A obediência me ordena que volte para casa. Estão precisando de mim."

Algum tempo depois o padre Fiocchi confirmou ao padre Giove, cônego de Corato, que efetivamente tinha dado ordem, mentalmente, a Geraldo, que voltasse a Deliceto naquele dia 24 de abril.

No dia seguinte, o padre Francisco Xavier Scozzo, da diocese de Melfi, passa por Corato e sente todo o entusiasmo do povo por Geraldo. Escreve uma carta ao padre Fiocchi, contando suas impressões colhidas ali.

Apresentamos-lhe a tradução desta carta que vale por um testemunho:

"Reverendíssimo Padre Reitor,

A Providência Divina dispôs que o irmão Geraldo passasse uns dias em Corato para a salvação de muitos. Sua estadia aqui foi um verdadeiro favor divino. Seu exemplo reanimou a piedade e conseguiu conversões surpreendentes. Nobres e damas da alta sociedade seguiam-no por toda a parte. Tal era a admiração de todos que a mínima palavra saída de seus lábios produzia compunção e arre-

pendimento até dos corações mais endurecidos. Não tenho palavras para contar todas as maravilhas produzidas pelo irmão Geraldo. Vossa Reverendíssima nem poderá imaginar o mundo de gente que acorria a ele. Estava sempre rodeado de muita gente, e sendo levado em triunfo como se faz com um santo.

Os dias eram insuficientes para os colóquios com o irmão Geraldo. E, quando chegava a noite, uma multidão de padres, senhores da nobreza e muitos outros invadiam literalmente a casa do senhor Félix Papaleo para ouvir o santo irmão e não o deixavam antes da meia-noite ou uma hora da madrugada. Não sei explicar, mas Vossa Reverendíssima esteja certo: toda palavra pronunciada por Geraldo ia direto ao coração dos seus ouvintes. Quando ele falava sobre Deus, o silêncio era geral, e só se ouvia a respiração ofegante denunciando o impacto que causava no auditório. Ninguém como ele possui o dom de tocar os corações.

Inflamados pela santidade do irmão Geraldo, não somente os magistrados de Corato querem uma missão aqui, mas têm em mente fazer um retiro espiritual, todos juntos, em Deliceto, de 15 a 20 do próximo mês. Muitos deles pensam em abraçar o estado religioso, tal o entusiasmo que o irmão Geraldo lhes comunicou. Eu me sinto como fora de mim mesmo...

Reverendíssimo Padre, tudo isso é pouco em comparação ao que se poderia dizer. Geraldo não somente inflamou o povo de Corato no amor de Deus, mas com apenas uma palestra reafervorou um Mosteiro de religiosas que decaíra de seu fervor e andava muito relaxado. O irmão Geraldo arrancou das religiosas as vaidades a que se apegavam. Hoje, todas voltaram à obediência regular, coisa tida por impossível antes. É belo e edificante vê-las agora vivendo aquilo que, livremente, um dia prometeram a Deus!

Senhor padre, como já disse, sou incapaz de contar-lhe tudo que o irmão Geraldo fez por aqui. Faço eco ao desejo geral de toda a população de Corato, suplicando-lhe nô-lo enviar de novo com os missionários que vierem pregar as Santas Missões pedidas aqui. Eu lhe imploro: conceda-nos este favor que redundará na maior glória de Deus, estou certo. Queria escrever-lhe mais, mas tenciono encontrar brevemente Vossa Reverendíssima e falaremos sobre uma multidão de fatos verdadeiramente maravilhosos que Deus operou por intermédio do irmão Geraldo.

De Vossa Reverendíssima, indigno servo,
XAVIER SCOZZO
Corato, 25 de abril de 1753".

– O padre Xavier se referiu à conversão e reafervoramento de um mosteiro, cujas monjas caíram no relaxamento e mundanismo. Conte como foi isso!
Trata-se de um mosteiro de monjas dominicanas enclausuradas...
– Que é isso de enclausuradas?
As ditas monjas deveriam viver em *clausura*, isto é, num recinto fechado com grades e muros em reclusão voluntária por amor a Deus e na convivência fraterna entre elas.
– E não viviam assim?
Pode-se dizer que elas "viviam" dentro da "clausura", mas seus corações e, mais ainda, seus olhos viviam fora dela.
Havia uma janela para a rua que era o grande tropeço de todas. Servia de "observatório" e meio de comunicação para as curiosas, e de "passarela" para as mais levianas. Não se escandalize! A consagração externa pela leitura da fórmula dos votos religiosos não faz ninguém virtuoso ou santo. Até, muitas vezes, a profissão religiosa já serviu de ardis calculados para se obterem os benefícios da vida religiosa. Só a virtude vivida com sincera lealdade pode tornar uma pessoa santa. O "espaço" onde vive uma pessoa influencia pouco na sua santificação, e sim, a *caridade* com que a pessoa vive neste espaço.
Para as "vidas consagradas" nas Ordens, Congregações e Institutos da Igreja, existe sério perigo, chamado na linguagem clássica da espiritualidade: tibieza. É como uma moita de tiriricas num canteiro de jardim ou da horta: dificilmente acaba, ocupa lugar e prejudica as outras plantas.
– Entendi: o tal mosteiro virou um tirirical!
O padre Scozzo disse que bastou uma fala de Geraldo para arrancar as monjas da tibieza, mas sabemos, por outra fonte, que a história foi mais demorada, particularmente quanto à tal janela.

Ele começou dando uma indireta: "As religiosas que se consagram a Deus devem fixar seu olhar apenas em Jesus Crucificado". Pelo visto não foi "compreendido", pois a janela ficou como dantes. Então ele se tornou mais explícito em palavras e gestos:
"Se quiserdes ser fiéis a Jesus Cristo, tereis de fechar com *tijolos, massa e reboco, esta janela aqui*!"
– *Fecharam a janela?*
Que esperança! Fizeram-se de desentendidas. Parece que, decididamente não tencionavam atendê-lo nisso. Mas, na manhã seguinte, as primeiras curiosas foram dar com o nariz no que tinha sido a janela... Agora era uma mureta compacta de pedra, tijolos e cal!
– *E ninguém viu algum pedreiro em atividade no mosteiro?*
Implicante é que, normalmente, nenhum pedreiro trabalha à noite! Mas a janela foi fechada, misteriosamente, durante uma noite e serviu para abrir os corações e as consciências às advertências do santo irmão. Foi colocado no lugar, onde fora a janela, um belo crucifixo, pois "as religiosas que se consagram a Deus devem fixar seus olhares apenas em Jesus Cristo crucificado!"
– *E assim Geraldo foi atendido, porque entendido.*
Vamos encontrá-lo, no início de maio deste mesmo ano, indo para Foggia cuidar de alguns negócios de seu pobre convento de Deliceto.
Enquanto o patear do Raposo quebra o silêncio da estrada bordejante o rio Carapella, ao aproximar-se da ponte perto de Bovino, chega aos ouvidos de Geraldo uma gritaria medonha entremeada de blasfêmias.
– *Blasfemar é vício dos italianos.*
Provinham de um cocheiro desesperado. É que sua diligência estava atascada num grande atoleiro formado pelas águas que transbordaram do rio.
– *Que que é diligência?*
É uma espécie de carruagem usada naqueles tempos para transporte coletivo de passageiros... Hoje, os trens e automóveis fizeram-na esquecer e desaparecer.

Mas o nosso boleeiro xingava e espancava os pobres cavalos das parelhas incapazes de tirar a carruagem para fora do lamaçal.

– *E o irmão Geraldo não suportava blasfêmia que o feria no âmago do seu ser.*

Daí que esporeou o Raposo e acorreu ao local, donde partiam os gritos transbordando, também ele, de santa cólera. E foi logo apostrofando o blasfemo:

"Miserável criatura, indigna de viver! Quando vais terminar com estas horríveis blasfêmias!?"

Em resposta urra o pobre diabo:

"Tire-me, agora mesmo, deste maldito atoladouro e prometo-lhe nunca mais xingar para o resto de minha vida".

Como sempre, Geraldo acreditava no que se lhe dizia e entendia as palavras *ao pé da letra*. Por isso não espera mais nada. Traça um grande sinal da cruz sobre a carruagem e ordena aos animais:

"Criaturas do bom Deus, eu lhes ordeno: em nome da Santíssima Trindade, saiam deste atoleiro!"

Os cavalos, como que entendendo o comando, jogam com vigor seus corpos para frente e arrastam do lamaçal: diligência, bagagens e passageiros. Aí ele se volta para o cocheiro que, de mãos postas, nem ousava acreditar no que via e diz, doando-lhe um lenço:

"Amigo, não blasfemes mais, hein! Promessa é dívida! Se nalgum dia, tua carruagem cair de novo numa enrascada dessas, joga este lenço que te dou no lamaçal, e o socorro do Céu virá sem tardança".

– *E o cocheiro?*

Algum tempo depois viu-se de novo enrascado num atoleiro dos mais feios. Recorda-se do "talismã" que o estranho frade lhe dera, e pensa lá consigo:

"É hora de experimentar a força do tal lenço do frade".

Joga-o confiante sob as rodas da carruagem atolada e, ato contínuo: "Foi como se os cavalos pisassem terra firme, arrastam do atoleiro a diligência como se fosse uma palha", assim testemunhou depois. E o cocheiro tira o chapéu, benze-se piedosamente, abençoando a hora em que encontrou aquele frade tão prestativo e que sempre trazia no bolso um lenço prodigioso para ser jogado nos apuros!

XXVII
PORTADOR DA PAZ

Castelgrande fica na Basilicata. No tempo de São Geraldo, era cidade pequenina, hoje cresceu bastante. Situa-se a 915 metros de altitude, encarapitada nos maciços dos Apeninos, a uma légua pouco mais ou menos ao norte de Muro, e 300 metros mais alta que esta.

A paisagem é de cordilheira, com pouca vegetação. Pontões de rochedos aqui e ali, vales e precipícios sem conta, retratam aquela beleza rude e primitiva que o Criador imprimiu na face de pedra do nosso planeta. Quem já viu Grão Mogol, cidadezinha norte-mineira, pode fazer uma ideia deste ninho de águia.

Seus habitantes também retratam o ambiente. Eram impassíveis, enrijecidos, um tanto rudes.

Eis aí, montado o palco da tragédia em que o escrivão Martinho Carusi matou o filho de seu primo-irmão Marco Carusi.

Tudo aconteceu após acalorada discussão, e como sói acontecer em tais circunstâncias, ali pelo sul da Itália, vizinhos e parentes tomam partido por uma ou outra das partes.

– E começa a *"vendetta" italiana*.

E a cidadezinha partiu-se em dois campos opostos pela mesma família. A fogueira das escaramuças, duelos e emboscadas com assassinatos se acenderia por um dá-cá-aquela-palha. Os prejuízos morais eram evidentes e a perdição de muitos iminente. Tentar uma aproximação já era correr sério risco. As tentativas só jogaram mais lenha na fogueira. Era só questão de tempo para o incêndio se alastrar.

Então, o padre Cáfaro, superior dos Redentoristas em Caposele, lembrou-se de seu ex-noviço:

"Geraldo, com a sua caridade, vai conseguir fazer a paz entre estas famílias, impedirá o derramamento de sangue e assegurará a salvação eterna de muitos".

O padre Fiocchi concordou. E, assim, pelos fins de junho, vamos encontrar Geraldo, em companhia do irmão Francisco Fiore, na estrada para Castelgrande. Cavalo era um só: *o Raposo*. Combinaram, então, um iria a pé e o outro a cavalo, e quando o pedestre se cansasse, inverteriam as posições. Só que Geraldo pedia sempre ao companheiro para continuar cavalgando, enquanto ele prosseguia a pé "para fazer exercício".

– *Já o conhecemos bastante para concluirmos que: Geraldo não seria Geraldo se procedesse doutra forma.*

Quem não gostou nada desta viagem foi o "mestre da perdição". Com Geraldo metido no caso, seus planos iriam água abaixo, por isso saiu a campo para barrar-lhe o caminho.

– *E quebrou a cara mais uma vez...*

Claro que não deu outra. Mas vamos por partes. Caía a tardinha e eles aproximavam-se do monte Rapone. E, eis que um cavalo fogoso e forçudo, completamente arreado, vem-lhes ao encontro, como que pedindo que o montassem.

– *Não tinha dono?*

Talvez o irmão Francisco Fiore tenha pensado que ele escapuliu de alguém e vinha assim pela estrada afora. Geraldo reconheceu logo uma armadilha de seu velho adversário. Intuiu igualmente os planos de Deus e, sabendo-se sob a guarda de seu querido São Miguel, não titubeou, pegou o cavalo, montou e chicoteou pela estrada acima que, agora, serpeava vales e abismos na direção de Ruvo del Monte.

– *E o que se deu?*

De início, o "animal" pareceu ganhar a confiança do cavaleiro, depois, subitamente, desabou numa carreira doida. Abandonou a estrada e enveredou-se por um sendeiro ao lado de gargantas e precipícios. Parecia querer jogar-se num deles. Geraldo, com toda a calma, ordena-lhe, em nome da Santíssima Trindade, que voltasse à estrada e o conduzisse sem um arranhão a Castelgrande.

– *E o diabo obedeceu.*

Que outro remédio teria?! E foi assim que, anoitecendo, os dois religiosos (um cavalgando um cavalo, e o outro montado no diabo em forma de cavalo) passaram por Ruvo del Monte, onde Geraldo foi aclamado pela população que desde muito desejava vê-lo.

Durante a viagem a "cavalgadura" de Geraldo não lhe poupou insultos e intimidações ante o impossível da missão que o esperava em Castelgrande.

– *E Geraldo?*

Rezando continuamente o rosário, contentava-se em pronunciar os nomes benditos de Jesus e Maria e invocar sua querida Santíssima Trindade. Era noite quando chegaram a Castelgrande, e ele despediu-se de sua montaria com um desafio:

"É inútil me intimidares. Eu vou adiante e farei tudo o que Deus me manda pela santa obediência. E, quanto a ti, besta maldita, range os dentes e retorna a teu eterno castigo! Com Jesus e Maria hei de conseguir a paz para Castelgrande!"

– *Mas esta "estória" de São Geraldo montado num diabo...*

Acredite ou não, como queria. Digo apenas o seguinte:

Alguns fatos da vida de São Geraldo tornaram-se *legendários*, isto é, devem ser "lidos" para serem entendidos. Eram, por certo, acontecimentos corriqueiros no dia a dia da vida deste homem de Deus, mas que, mais tarde, foram "floreados" e "aumentados" com um propósito bem-intencionado: *mostrar Deus presente cuidando de seu servo, e que sua caridade era aceita por este mesmo Deus.*

Já em vida, Geraldo foi o herói do povo simples e pobre, mas muito religioso e temente a Deus. Daí não ser difícil para a imaginação popular sentir Deus servindo-se do próprio diabo para conduzir Geraldo à tarefa de que o incumbira. Daí também, não se admirar que estas narrativas populares figurem nos documentos de sua biografia. Para os biógrafos, hoje, é impossível separar os "fatos", do que é narrativa popular. Isto acontece não só com São Geraldo, mas com outros santos também.

– *E em Castelgrande o que aconteceu?*

Geraldo lançou-se a fundo na tarefa a que viera. Encontra-se primeiramente com o senhor Marco Carusi, pai do rapaz assassinado. De início tudo pareceu fácil demais. Foi só uma conversa e obteve a promessa da cessação das hostilidades e do perdão para o assassino, com a reconciliação das famílias.

– *E a paz voltaria à cidadezinha, enfim!...*

E aí entrou em cena a sensibilidade feminina da mãe e das irmãs do rapaz assassinado.

– *Parece que as mulheres experimentam em maior profundidade seja o amor ou o ódio...*

O certo é que a esposa de Marco Carusi, sabendo que seu marido tinha se afinado perante um simples frade, enfureceu-se qual leoa ferida em sua cria. E, com ela, arrastou as filhas.

"Então, perdoaste o assassino de teu filho, não é?"

E jogando-lhe aos pés as roupas que o rapaz vestia ao ser assassinado, falou:

"Vê estas roupas! Elas são de teu filho assassinado barbaramente! E, este sangue que clama vingança, é também do teu filho... E tu vais apertar a mão do assassino, não vais? Vais reconciliar-te e perdoar quem matou teu filho!... Sabes o que és?... Um covarde, indigno de viver... indigno do nome de pai... um moleirão, incapaz de vingar teu próprio sangue derramado... És uma vergonha para o mundo todo. Um derrotado... um maricas..."

Furiosas rangiam os dentes, despendiam chispas de ódio e desejo de vingança, encurralavam o pobre Marco por todos os lados com as roupas sangrentas do morto que elas guardavam para reavivar o ódio e não se esquecerem da vingança.

– *Para o bem, ou para o mal, infelizmente, uma mulher sempre consegue o que intenta fazer.*

Sei não. Mas as mulheres da casa de Marco Carusi conseguiram jogar ao vento todas as boas resoluções dele.

– *E Geraldo, sabedor do ocorrido, como reagiu?*

Preparou-se devidamente com jejuns, disciplinas e orações para o segundo ato da escaramuça, pois agora ele sabia *quem* estava pela frente. Intrépido e seguro como sempre, ele proclamou:

"Não! A vitória, ainda desta vez, não caberá ao demônio, mas a Deus". Para males renitentes, apliquem-se remédios fortes. Desta vez, chegando à casa dos Carusi, reuniu toda a família.

Começou com brandura e palavras suaves, tentando domar as "feras". Relembrou os ensinamentos de Cristo e apelou para os sentimentos mais nobres e cristãos.
– E...?
Tudo em vão... As mulheres se fechavam furiosas, insensíveis, intratáveis... Mas não conheciam o irmão Geraldo. Num dos pratos da balança elas colocavam o seu trunfo mais pesado: uma roupa ensanguentada. Pois bem, Geraldo era igualmente capaz de lances arrojados e definitivos. Por isso, jogou no outro prato da balança o seu crucifixo de missionário.
– *Qual iria pesar mais?*
O de quem tivesse mais fé. Ele se joga de joelhos no meio da sala dos Carusi. Arranca, de sob a batina, o seu crucifixo, e troveja com voz terrível, colocando-o sobre o piso:
"Venham e pisem em cima deste aqui... Ele rezou por seus carrascos... Ele derramou seu sangue por aqueles que o mataram. Venham e pisem nele! Escarrem no rosto dele! Desprezem-no...!"
Um silêncio oprimente caiu sobre a sala. Cada um procurava esconder-se atrás do outro. As mulheres empalideceram e ficaram como pregadas ao assoalho. Geraldo prossegue no ataque, agora escarnece patético:
"Então!? Não têm coragem? Cuspam e esmaguem sob os pés este corpo ensanguentado e coberto de feridas!... Então?... Vergonha para todo o mundo e o inferno que as contempla agora!... Covardes!... Mãe e irmãs indignas de viver!... moleironas maricas..."
Segue-se uma pausa de juízo final. Depois, incisivo, Geraldo retoma:
"Fiquem sabendo: ou perdão e reconciliação, ou pisá-lo sob os pés... Escolham..."
Como as muralhas de Jericó, ao toque desta trombeta, o muro dos sentimentos hostis e perniciosos começou a cair. Mas Geraldo com olhar terrível e voz ameaçadora troveja ainda:
"Eis o que lhes manda dizer o meu Deus: seu filho e irmão está agora no purgatório, e não sairá de lá enquanto durar este ódio e este desejo de vingança... Quanto a vocês, senhoras, lhes

está preparado um castigo como nunca se viu. Não duvidem, se não perdoarem... ele virá, eu lhes garanto!"

Geraldo ergue-se bruscamente, pega seu crucifixo e dirige-se apressado para a porta de saída. Então, caem as últimas resistências. Feridas como por um raio, as Carusi correm para a porta, caem de joelhos, impedindo-lhe a passagem. As lágrimas rolam pelas faces, brotam soluços sentidos, todos choram implorando perdão e misericórdia de Deus:

"Nós perdoamos! Nós queremos reconciliar-nos!"

Ao partir de Castelgrande, Geraldo teve, por quilômetros, o acompanhamento de umas trezentas pessoas que o seguiam como se temessem perdê-lo.

E um fato pitoresco, muito à "moda Geraldina", fechou esta cena de tragédia: dona Federici, ao despedir-se dele, entregou-lhe um lenço que ele teria "esquecido" na casa dela. Diz-lhe Geraldo:

"Fique com ele por lembrança, minha boa senhora!"

– *Sempre um lenço... Por quê?*

Às vezes, manchado de sangue... Mas sei não... Sei que Castelgrande em peso disputou cada fiapinho deste lenço...

– *Sempre um lenço... Por quê?*

Ficou um lenço de Geraldo em Castelgrande, mas ele levava consigo uma vintena de rapazes (tidos como o terror e escândalo da cidadezinha) para um retiro espiritual e uma boa confissão em Caposele. Padre Cáfaro abraçou seu ex-discípulo e cuidou da "pescaria" que ele lhe trazia. Os dois se entendiam muito bem. No dia seguinte, quando ele partiu para voltar a Deliceto, seu ex-mestre sentenciou:

"Este irmão, por onde passa, faz uma revolução!"

Muito teríamos a dizer sobre suas fantásticas conquistas para o Reino de Deus em Melfi, Atella, Lacedônia. Os documentos arquivados na Casa Generalícia dos Redentoristas em Roma e nas casas da Província de Nápoles atestam milagres, profecias, sinais, conversões... Era uma "revolução" nos costumes e atitudes, por onde ele passava. Mas temos de nos limitar. Aliás, para se conhecer São Geraldo, podemos dispensar os detalhes de sua vida cheia de maravilhas.

Para Geraldo vale o testemunho de Shakespeare sobre Júnio Brutus: "Este é o homem". Consciente e de muita fibra, acrescentamos nós.

XXVIII
NO PASSEIO COM OS ESTUDANTES

Os estudantes da Congregação imaginaram, naqueles dias, um passeio-romaria ao célebre santuário de São Miguel Arcanjo, no monte Gárgano. Só que a viagem seria demorada e os recursos bem poucos.

— *A vantagem destes passeios é exercitar os corpos, descansando as mentes sobrecarregadas de tantos livros, textos e aulas...*

É isso. Agora imagine a quem o padre Fiocchi confiou o cargo de "ecônomo" da viagem!

— *A Geraldo, sem dúvida e com estas animadoras palavras:*

"Irmão Geraldo, aqui estão trinta *carlinos*. É o que tenho a dar-lhe para a viagem. Levem matalotagem para o primeiro dia!"

E com um sorriso indefinido nos lábios e um olhar bem significativo, como se acrescentasse: "para o restante da viagem o senhor dê um jeito!" E continuou:

"Ah! Ia me esquecendo de dizer-lhe: Frei Ângelo de São Jerônimo, o ermitão, os acompanhará. Aluguei os dois burricos dele para carregar-lhes a bagagem e quem ficar mais estropiado da caminhada".

— *Permita-me uma curiosidade: Quanto perfazem, em cruzados, estes trinta carlinos?*

Mais ou menos uns três mil cruzados de hoje. Era a moeda correspondente em Nápoles e trazia este nome em homenagem ao rei Carlos.

Como vê: a caravana era de dez pessoas, para sustentar durante nove dias com mais ou menos três mil cruzados!

— *Será que o padre Fiocchi não andava meio mole dos miolos?*
A pergunta é sua, e toda a malícia que encerra. Nunca passaria pela cabeça de Geraldo. Para ele era assim: o superior estava mandando, competia-lhe obedecer. E foi o que fez.
— *Ainda fico achando que seria prudência fazer o superior ver o absurdo que estava pedindo.*
Eu, você e quase todos os outros faríamos isto na certa. Geraldo não. Aliás, o padre Fiocchi sabia de sobra que, na matemática de Geraldo, não havia absurdos, mas as maravilhas de Deus. Tinha certeza de que as contas seriam acertadas, e com justiça...
— *Então, comecemos a viagem!*
Certo.
Foggia! Foi uma boa caminhada, significando uns trinta e cinco quilômetros de Deliceto. Consumiu todo o primeiro dia. Mas a turma estava de moral alta e com um apetite mais alto ainda. Pela tardinha, após um descanso, foram visitar a igreja da "Madonna dos Sete Véus".
Manfredônia era a meta prefixada para o segundo dia. Isto significava mais uns trinta e oito quilômetros bem puxados.
— *Com a caminhada da véspera, entendo que as pernas andassem meio trôpegas.*
Foi o que Geraldo entendeu logo, por isso alugou uma diligência.
— *Preço do aluguel?*
Vinte e oito carlinos e vinte e oito centavos.
— *Significa: quase o total do que lhes dera o padre Fiocchi! Significa também: suicídio econômico...*
Os jovens estudantes que mal se sustinham nas pernas cuidaram logo foi de se acomodarem nos bancos da carruagem, e, aliviados, sonhar com uma corrida pelas planícies da Apúlia. Mas, pouco a pouco, os olhares se voltam questionadores para os lados de Geraldo.
— *Não é difícil adivinhar-lhes as perguntas.*
"E depois, irmão Geraldo, sem um tostão, que será de nós?"
"Onde iremos arranjar comida e pouso para a noite?"

O olhar confiante do ecônomo "acalmava e encorajava a todos". Parecia dizer-lhes:

"Confiança, minha gente! A Providência Divina não nos faltará!"

Os cavalos puxadores da diligência partiram e a bom galope estrada afora. Eram fortes, bem nutridos, acostumados e corredores. Frei Ângelo é que vinha tartarugando lá para trás com seus burregos magricelas, incapazes de segui-los. Após dezoito quilômetros de corrida, pararam na albergaria de *Condela*. Era a hora de mastigar as provisões que, em muito boa hora, os amigos de Foggia lhes ofereceram.

– *E o ermitão?*

Chega bem depois com seus burricos estafados. Está furioso, nem quer saber mais da viagem:

"É voltar daqui mesmo, parando com esta loucura! Está decidido: não dou mais um passo... Meus pobres animais, como estão esfalfados. Quase caíram mortos, e morrerão nesta maldita estrada se continuarem a "correr" atrás desses cavalos esfogueteados e que parecem ter o diabo no corpo..."

Geraldo sorrindo:

"Iremos até o fim de nossa peregrinação, Frei Ângelo. Não se preocupe mais com seus burrinhos. Deles cuidarei eu".

"Bem... bom... se é o senhor, irmão Geraldo, quem vai cuidar deles... tudo bem."

E o ermitão come, bebe e descansa despreocupado. Na fresca da tarde retomam a viagem com Geraldo comandando:

"Frei Ângelo, o senhor vai na frente montado num dos seus burros, o cocheiro montará o outro, e eu guiarei a diligência com estes cavalos esfogueteados... Vocês aí, rapazes, tomem seus lugares! Vocês dois: a cavalo, e sirvam-nos de batedores!"

Geraldo no posto de cocheiro estala o chicote sobre as ancas dos burrinhos de Frei Ângelo que, meio assustados, partem galopando.

"Em nome da Santíssima Trindade, lá vamos nós!"

E voam estrada afora, num galope constante. Frei Ângelo crê num milagre: seus burricos moleirões e apáticos parecem agora serelepes "voando" pela estrada, seguidos pela matinada dos cincerros da diligência que lhes vinha nos calcanhares, levantando uma nuvem de poeira amarelenta por aquelas planícies apulesas. Já passava do meio-dia, quando "aterrissaram" em Manfredônia. Soou a voz do comandante:

"Vamos, primeiro, fazer uma visita a Nosso Senhor no Santíssimo Sacramento!"

Indo para a igreja, encontraram um vendedor de flores:

"Quanto é o buquê de cravos?"

"Um carlino e oitenta centavos."

"Quero o mais bonito!"

– *E lá se foi o restinho da bolsa...*

Houve também quem murmurasse:

"É doido varrido".

– *Eu diria: é suicídio econômico!*

Ainda bem que Geraldo não tem ouvidos para todas estas baboseiras da prudência humana.

Entram na igreja e ele vai direto ao Tabernáculo do Santíssimo Sacramento. Com todo carinho, depõe ali defronte seu pequeno ramalhete de cravos, ajoelha-se e reza por uns instantes, ergue-se e bate na portinhola do Sacrário, dizendo:

"Senhor, não o esqueci; agora é a sua vez de lembrar-se de nós!"

Ora, o vigário da Paróquia, meio escondido, ali por perto, viu os peregrinos e ouviu tudo o que Geraldo falou. Reconheceu os "Ligorinos" (assim eram conhecidos, e ainda hoje o são, os Redentoristas no sul da Itália pelo colarinho branco e saliente sobre a gola da batina). Aproximou-se, cumprimentou-os, e...

"Senhores padres, eu os convido para se hospedarem comigo hoje. Vamos à Casa Paroquial!"

"Que o bom Deus recompense-lhe tamanha bondade, senhor padre vigário... mas veja: somos muitos."

"Ainda que mais fossem, meus amigos. Minha casa é bastante grande para alojá-los a todos. Quanto à comida, o bom Deus sempre me dá mais que o necessário. Pode ser que não passem muito bem, porque mamãe anda meio adoentada e não poderá servi-los, mas daremos um jeito..."

Fulguram os olhos de Geraldo que responde:

"Isso é que é de menos, senhor padre. Vá, agora mesmo, e trace o sinal da cruz na fronte de sua mãe e ela ficará boa!"

Geraldo tinha uma maneira irresistível de dizer as coisas. O vigário, cheio de confiança, foi e fez o sinal da cruz sobre a fronte de sua mãe. A velhinha logo se ergueu do leito e foi preparar o jantar para os hóspedes de seu filho. Tudo passou como se nunca estivesse estado doente...

– *Lá na Galileia aconteceu algo parecido com a sogra de São Pedro, lembra-se?*

É. Foi também um tal de Jesus Cristo quem garantiu: "Quem crê em mim fará as coisas que eu faço e até maiores do que estas" (Jo 14,12).

No dia seguinte, seria a parte mais difícil e mais curta da viagem: escalar os 843 metros de altitude do monte São Miguel pelas encostas escarpadas que sobem desde as praias do mar Adriático. Nossos peregrinos são romeiros e não turistas, por isso escalam o monte a pé...

– *Também não lhes sobrava nem meio carlino para o aluguel de uma carruagem...*

Eu cuido que se Geraldo tivesse querido, assim se faria. Por certo que o sacrifício da caminhada entrava nos seus planos.

Chegam. Dirigem-se ao Santuário para rezar, e o fazem por tempo demorado. Enfim, a fome começa a dar sinal de presença.

– *São sete moços, não são?*

Todos se erguem e vão se esgueirando por aqui e por ali. Geraldo permanece como que pregado ao genuflexório do banco. É o seu colóquio com o amigo de sua infância em Muro: São Miguel Arcanjo. Ele queda-se mudo, imóvel como uma pedra, insensível, fora deste mundo... Chamam-no, puxam a manga de sua batina... nada!

– *Podiam até estourar uma bomba junto aos seus ouvidos que ele não ouviria.*

Sacodem-no com força. Ele volta a si, fica meio confuso e procura explicar-se:

"Que é?... Mas não é nada!... Ah! Vamos cuidar de nossos estômagos que já reclamam".

E com um sorriso:

"Essas minhas distrações..."

Ali por perto havia uma pensão, onde os romeiros encontravam lugar para dormir e comprar alimentos.

"Irmão Geraldo, mas quem vai pagar? Não temos mais um tostão!"

– *E não tinham mesmo...*

Soa, no entanto, a ordem de comando:

"Todos à mesa!"

Geraldo tira da carteira dois carlinos...

– *Onde os arrumou? Já tinha gastado tudo!... De acordo com minhas contas!"*

Não sei. Com Geraldo a matemática traz surpresas...

Ele os entrega a Frei Ângelo para comprar-lhes alguns pães.

– *Ah! Vêm novidades por aí...*

O jovem estudante Ricciardi confabula aos companheiros:

"Eu vi um moço aproximar-se dele e entregar-lhe alguma coisa, enquanto rezava".

"É São Miguel... aposto que é São Miguel Arcanjo!..."

Assim cochicham, numa rodinha, os estudantes, qual bando de patos meio assustados. Geraldo apressa-os para a mesa:

"Vamos, homens de pouca fé! É assim que vivem a obediência? Todos à mesa, e já!"

Entram na sala da hospedaria e veem servidos os mais gostosos alimentos. Geraldo com um gesto largo convida-os:

"Assentem-se, meus senhores, e tenham bom apetite!"

Em cada prato havia um peixe grelhado, e os demais alimentos em abundância...

"Mas, irmão Geraldo, quem preparou tudo isso?...Quem vai pagar-nos todo este almoço, irmão Geraldo? O senhor não mandou Frei Ângelo comprar... pão... pensávamos que..."

Mas ele contenta-se em ordenar:

"Bom apetite para todos!"

Ele mesmo, como se estivesse morrendo de fome, põe-se a comer com vontade...

– *E depois?*

Chegou a hora de partir, e Geraldo vai pagar a conta. O dono da pensão era homem de poucos escrúpulos e pensou em escorchar estes fregueses:

"Ah! Estes padrecos de uma figa! Estes monges que andam com a cabeça nas nuvens, ocupados de rezas, nem sabem lidar com dinheiro! Não vou perder esta boca!..."

Triplicou o preço. Geraldo protesta, mas o dono da pensão faz fincar pé.

"Nem um carlino a menos. Tenho eu lá a obrigação de tratar de padres... andejos... vagabundos...?"

"Olha o que está fazendo, meu amigo! Se não se contentar com o que é justo e lhe é devido, verá morrer, agora mesmo, suas mulas que estão ali na cocheira ao lado."

Mal Geraldo fecha a boca, entra correndo, e todo agitado, um rapazinho, filho do dono da pensão:

"Papai, papai! Corre, acode aqui! Vem cá à cocheira! Não sei o que deu nas mulas. Estão rolando pelo chão como se estivessem com grande dor de barriga!"

O homem empalidece, e como fulminado, entende tudo. Cai aos pés de Geraldo, suplicando:

"Perdoe-me! Perdoe-me, santo homem de Deus, por tudo quanto é sagrado!... Não me devem mais nada... Não quero receber mais nada dos senhores!... Por amor de Deus, salve minhas pobres mulas! Ah! Meus ricos animais!... É tudo o que eu tenho na vida!..."

"Se assim lhe convém... Mas aqui está o que lhe devemos pelo almoço. Nós somos justos e vivemos do que a Providência Divina nos dá. Olhe, meu amigo, nunca mais, nunca mais mesmo, se esqueça de que Deus protege quem nele confia!"

Geraldo se dirige à cocheira, traça um sinal da cruz sobre os animais que estrebuchavam pelo chão, e todos se levantam... curados!

Começam a volta para a casa. Estava um dia sufocante e a terra reverberava os raios de um sol inclemente. O suor brotava de cada poro e a poeira da estrada, subindo às gargantas, ressecava tudo. A sede torturava, e o anseio de todos era:
"Água! Água!"
Água na Apúlia! Mais fácil achar agulha num palheiro. Não existia o grande canal construído por Benito Mussolini e que capta as nascentes do Sele distribuindo-as para as terras de plantio. Nossos viajantes teriam de curtir sede atroz. Geraldo pedia paciência:
"Mas tenham a santa paciência! Havemos de topar com uma cisterna por estas beiras de estrada!"
– *E encontraram?*
Pouco depois. Mas o proprietário tinha retirado a corda e o balde. Pediram-lhe um pouco d'água. O homem respondeu-lhes com dureza:
"Vão andando, seus vagabundos! Não tenho tempo nem água para desperdiçar com frades! Ora essa..."
Aí a sentença cai, impiedosa, da boca de Geraldo:
"Meu irmão, já que tens a dureza de recusar água a teu próximo com sede, e a quem devias amar como a ti mesmo, teu poço t'a recusará muito em breve".
Nossos peregrinos voltam à estrada desconsolados e o homem à sua cisterna, e vê com horror... está totalmente seca. A água foi-se embora num átimo. Aterrorizado corre atrás daqueles frades gritando em desespero:
Voltem! Voltem, santos homens de Deus! Piedade de mim! Eu lhes dou tanta água quanto queiram! ... Eu mesmo a tirarei para vocês e os animais: Voltem! Perdoem-me o que lhes fiz. Façam minha água voltar ao poço!"
O verdadeiro cristão é justo e não guarda rancor, por isso voltam. Geraldo recolhe-se por uns instantes em oração, e a água começa a voltar, vai subindo sempre, chega à borda do poço e escorre para fora. O camponês, suado, vermelhão, enche balde e mais balde, dessedentando homens e animais. Ao se irem embora, Geraldo sussurra-lhe ao ouvido:

"Amigo, por amor de Deus, nunca negues água a quem te pedir, senão Deus t'a negará também. Sê bondoso para com teu próximo, como queres que Deus use de misericórdia contigo!"

Assim, alegres e felizes, nossos amigos reentram Deliceto: Frei Ângelo, porque seus burricos não ficaram estropiados, ao contrário, estão na melhor forma; os estudantes e o padre Di Meo, porque fizeram um bom passeio e viram as maravilhas que Deus operara pelo irmão Geraldo; Geraldo, porque reviu seu "velho amigo" São Miguel, e porque "ouviu" os primeiros ecos do Paraíso...

– *Que significa isso?*

É que, mais que dantes, neste passeio, ele padecera de vômitos de sangue provocados pela tuberculose que se encarregaria de levá-lo desta vida. Era setembro de 1753, e dois anos de vida ainda lhe restavam...

Finalmente, feliz da vida estava o padre Cármine Fiocchi, porque a caravana dos seus retornava sã e salva: os estudantes cheios de vida, mais corados com os ares puros das montanhas.

Geraldo, como provedor do passeio, ao prestar-lhe contas, entregou-lhe mais carlinos do que recebera quando da partida!

– *Com Geraldo até a matemática, ciência da exatidão, tem de se curvar!*

XXIX
"TEMPO PARA CALAR"

Numa carta, de seu pequeno quarto, no convento de Pagani, Santo Afonso lança a seus religiosos um apelo fremente e que vale por um desafio. Veja, por amostra, este trechinho:

"Pagani, 27 de julho de 1752.

Meus caros confrades
Padres e irmãos em Jesus Cristo,

Peço-vos e, para que compreendais a importância desta minha recomendação, eu vos prescrevo, em virtude da santa obediência, que cada dia, na oração e na ação de graças, peçais a Jesus Cristo, nosso Mestre desprezado, a força de suportar todas as humilhações sem perder a calma e a alegria interior. Os mais fervorosos dentre vós pedirão mesmo a graça de serem desprezados por seu amor.

Pe. Afonso Maria de Ligório
Reitor-Mor C.Ss.R."

Um destinatário
A circular do Santo Fundador dos Redentoristas chega a Deliceto, e o irmão Geraldo vai viver tudo ao pé da letra, como é de seu costume. Eis sua oração:
"Senhor, meu mestre desprezado e aviltado, concedei-me o favor de sofrer o desprezo e a humilhação por vós!"

Este foi o seu pedido na ação de graças de cada dia, este o pensamento insistente nas vigílias noturnas diante do Santíssimo Sacramento, esta a ideia que não o abandonava mesmo quando, à noite, estendia-se sobre seu colchão, recheado de pedras e felpas de madeira, para um breve descanso. Prece repetida por semanas, meses, dois anos a fio, fervorosa, confiante...

– *"E os que pedem recebem"* (Lc 11,10).

Geraldo foi atendido. Começou seu duro Calvário, e ele se tornou como o vermezinho esmagado pelos pés do caminhante.

No pandemônio

Quem andava furioso, maquinando uma investida contra ele, era Satanás. Por isso, convocou uma assembleia infernal para concertarem a guerra que lhes moveriam. Na hora aprazada uma assembleia da diabada toda se fez presente no "Grande Conselho do Mestre da Perdição", que abriu a sessão urrando:

"Agora é demais! Este irmão Geraldo ultrapassa todos os limites".

"Chega! Não podemos mais tolerá-lo! Imaginem! Agora ele deu para virar a cabeça e o coração das moças..."

"Bravo! Bravíssimo, Satanás! Hurra! Desta vez acertaste..."

"Idiotas! Não é isto que imaginam, porcos indecentes! Geraldo enfeitiça as donzelas é com o amor por seu Deus. E, assim, as afasta dos deleites carnais, que é a ocupação costumeira dos seres humanos, que é o assunto de suas novelas, que enche seus romances, revistas e canções... e também o inferno! Contra Deus nada podemos, mas tentemos contristá-lo, arrastando para cá seus estúpidos humanos, muito amados!"

"Hurra! Isso mesmo!"

"Mas este magricela nos tira muita gente..."

"Então, fora com ele!"

"... e enche os mosteiros e conventos com moças dedicadas só ao serviço de seu Deus..."

"Maldição!"

"Querem um exemplo?... Não; não tem mais conta o número de donzelas que estão pedindo admissão no mosteiro das Beneditinas de Corato, de Calitri e Atella. Também no Mosteiro do Santíssimo Salvador de Foggia! E até no carmelo de Ripacândida! Agora mesmo, três filhas de Benito Grazioli acabam de ser admitidas lá. Este "gato empestado" foi quem as levou. Vejam só: numa jogada de rede ele apanhou três moças para o Mosteiro de Saragnano..."

"Amaldiçoado!"

"E tem mais: doze moças da família Cappucci. Doze! Ouviram, seus papalvos duma figa: Doze moças vão entrar para o Mosteiro do Santíssimo Salvador em Foggia a conselho deste tísico, muito mais ativo que vocês todos, corja de mandriões do inferno!"

"À morte! Morra o irmão Geraldo! Destruição para o nosso inimigo!"

"Tolos e cretinos! Que nos adianta sua morte?... Experimentem fazer alguma coisa contra ele, e verão o que é bom! Este irmão Geraldo com a sua Santíssima Trindade obrigará vocês todos a ajudá-lo a carrear mais moças para os mosteiros!..."

Pela primeira vez fez-se silêncio nas moradas infernais, pois todos entenderam que esta era uma verdade, confessada pelo "pai da mentira".

Foi aí que um diabo, chefão matreiro e experimentado na vida dos que se consagram a Deus, ergueu a ponta do rabo pedindo a palavra. E fez a proposta:

"Tenho experiência nestes casos. O que podemos fazer é sujar o nome do irmão Geraldo, desonrá-lo, arrastá-lo na lama e pela rua da amargura!..."

"Mas como?"

"Muito simples, imbecis! Os humanos têm um ditado que diz: 'O que o demônio não pode, uma mulher, quase sempre, consegue'. Procuremos uma mulher!"

E a diabada, voltando-lhe o traseiro saudou-lhe a proposta com vibrante clarinada, fazendo do reto trombeta.

Uma mulher

– E quem foi a eleita de Satanás?

Chamava-se Néria Caggiano. Foi uma das que entraram para o Mosteiro do Santíssimo Salvador em Foggia. Como para tantas outras, Geraldo ajudou-a angariando-lhe o dote requerido.

– *E então?*
Passado o entusiasmo da entrada apagou-se o fogo de palha e ela começou a mostrar-se: era invejosa, inconstante, intrigante, muito soberba...
– *E permaneceu quanto tempo?*
Poucas semanas foi o bastante. A "ventoinha" retornou a Lacedônia, seu torrão de nascimento.
– *Donde nunca devia ter saído!*
Voltando à sua casa, teve de enfrentar a onda de fofocas que soem acontecer nesses casos. De início ela se fechou, muito despeitada com o insucesso.
– *Mas o orgulho feminino não aceita estas situações...*
Pouco a pouco ela foi "excogitando" explicações:
"É o conservatório"...
– *Que é isso?*
Assim se chamava o educandário para meninas adolescentes, fundado por Madre Maria Celeste, em Foggia.
– *Então continue!*
Néria está com a palavra!
"... é o conservatório de Madre Maria Celeste! Ali se vive o maior relaxamento que já vi. Não aguentei! As monjas fazem isso... e mais aquilo..."
– *E acreditavam nela?*
Você sabe: os mexericos sobre a vida religiosa sempre encontram ouvidos complacentes. Mas, pouco a pouco, veio a reação em forma de dúvida:
"Se o mosteiro de Foggia está tão relaxado, como se explica que um homem santo, como o irmão Geraldo, o tenha em tanta estima, e aconselhe tantas moças a abraçar a vida religiosa ali?"
Aí Néria, meneando a cabeça e imprimindo à voz um tom de escandalizada, ripostava:
"Irmão Geraldo, hein! ... É porque não conhecem este tal de irmão Geraldo!... Sujeitinho baixo... ordinário, está ali... um fingido sob hábito religioso! Eu é que sei..."

As insinuações foram crescendo, a cizânia foi brotando, até o momento em que ela julgou chegado para a cartada decisiva: difamar de maneira soez o irmão Geraldo.

– *E ganharia o quê?*

Não seja ingênuo! Néria sabia muito bem que Geraldo seria expulso de sua Congregação, seria difamado, e, de cambulhada, atingiria as monjas de Foggia. Elas e Geraldo perderiam a credibilidade, e ela, Néria, teria sua vingançazinha.

– *Trama bem urdida!*

Para melhor efeito ela procurou um cenário eclesiástico dentro do sacramento da penitência.

– *Cruzes! Caluniar os outros na confissão?!*

É difícil parar, quando se começa a descer!

– *Imagine! Só para se fazer acreditada!*

Ainda mais: O padre Benigno Boaventura, confessor de Néria, era homem sério, muito estimado pelo clero da Diocese e muito amigo de Santo Afonso.

– *Instrumento de vingança para uma despeitada orgulhosa!...*

Certo dia:

"Padre, dai-me vossa bênção, porque pequei. Já faz alguns meses que deixei o Conservatório de Foggia... mas isso me vem pesando na consciência. Hoje resolvi falar-lhe, porque... Bem; não aguento mais... para ser breve, trata-se do irmão Geraldo... que anda por aí com fama de santo, mas é um hipócrita, um lobo em pele de ovelha... Imagine só o senhor!... Ah! Tenho até vergonha de tocar no assunto..."

– *E aposto que duma golfada só vomitou todo o veneno!*

"Como eu ia dizendo, senhor padre... uma moça honrada, doméstica da família que o hospeda em Lioni... Hermínia se chama ela... foi desonrada e está grávida deste tartufo de irmão Geraldo... Sei até o lugar e o dia em que isso aconteceu... Ah! Tenho até vergonha de dizer... tenho testemunhas..."

E com refinada maldade:

"... mas a caridade e o respeito pela batina, com que este tratante anda vestido, me impediram..."

Tantos escrúpulos, tantas delicadezas de consciência eram de molde a forçar a credibilidade...
— *Acrescente a isso que a natureza humana já é propensa a acreditar no mal que nos contam dos outros...*
Daí não se admirar que o confessor lhe respondesse:
"A senhorita tem o dever, em consciência, de escrever ao padre Afonso de Ligório, superior de Geraldo, narrando-lhe tudo isso".
E acrescentou:
"E, se me permitir, já que se trata do sigilo da confissão, acrescentarei algumas palavras em sua carta abonando sua denúncia".
Isso era, exatamente, o que Néria queria.

Angústia de um superior

Em Pagani, o padre Afonso Maria de Ligório andava de um lado para outro com um grave problema ocupando-lhe o espírito.
— *A carta de Néria!*
... precisa, circunstanciada, acusando grave e formalmente o irmão Geraldo Majela. E aquele "post-scriptum" de um sacerdote, seu amigo, confirmando tudo. Parecia-lhe que o céu vinha abaixo.
"Seria possível?! Então, um de seus religiosos ofendera gravemente a Deus!"
Era um golpe muito forte para sua novel família religiosa.
— *E atingia um membro considerado por todos como santo!*
Verdade é que o padre Afonso nunca se encontrara com o irmão Geraldo. Tinha tantos afazeres! Mas fora ele, como superior-mor, quem o admitira à profissão na Congregação! Quase por toda parte vinha escutando maravilhas sobre este irmão... E agora esta!? Sua pequenina Congregação seria objeto de conversas e cochichos maldosos!
— *É... a vigilância em prevenir que o mal aconteça é uma virtude essencial num bom superior!*
Igualmente o é a prudência e lentidão no aceitar as acusações contra algum dos seus súditos!
Por isso, o padre Afonso envia o padre André Villani a Lacedônia e a Deliceto para se informar nos locais e trazer-lhe dados mais sólidos e comprovados, se pudesse. Infelizmente parece que as

informações colhidas pelo padre Villani confirmavam a acusação. Casa, data, família, tudo conferia direitinho... Não havia que negar.
– *Pobre superior nestas horas!*
Pobre padre Afonso! Fica como fulminado por um raio. Seu dever é expulsar, sem mais delongas, o culpado. Mas o pastor das almas e moralista pondera:
"Quem sabe?... Não seria mais prudente chamá-lo a Pagani e ouvi-lo? Não se condena alguém sem ouvi-lo antes".

Adeus Nossa Senhora da Consolação

Corria o mês de maio de 1754, consagrado à Virgem, Geraldo escreve: "Meu superior está me chamando. Rezem por mim! Tenho grande necessidade".

Deliceto, berço de sua vida religiosa, teatro de quase todas as suas atividades como Redentorista, será doravante uma página virada no livro de sua história.

– *Ele teria intuído o que estava para acontecer-lhe?*
Não se sabe.
Ele foi ajoelhar-se aos pés de sua "Madonna da Consolação" para dizer-lhe o último adeus. Não a veria mais nesta terra, disto ele tinha certeza. Depois entra resoluto no seu Getsêmani.

Em Pagani

Ainda com a poeira da estrada nas roupas e bastante cansado, Geraldo está batendo à porta da pequena cela conventual de seu Fundador e superior-mor, em Pagani:
"Benedicite, pater!" (Abençoai-me pai!)
"O senhor é o irmão Geraldo Majela?"
"Sim, meu pai."
"Já ouvi falar do senhor. Mas nunca tive a oportunidade de encontrá-lo. Sinto muito por vê-lo, pela primeira vez, em tal circunstância...
Sabe do que quero falar, pois não?"
Geraldo tinha dobrado o joelho direito para pedir a bênção ao superior como era costume na Congregação. E, como este não

o mandara erguer-se, ele ajoelha-se totalmente, recebe a carta que este lhe estende e, nesta postura, a lê.

– *Chegaria ao fim?*

No seu caderninho de resoluções, lemos o seguinte:

"De todas as virtudes que vos são caras, ó meu Deus, a que estimo sobre todas é a castidade e a pureza de coração que tornam a pessoa semelhante aos anjos".

– *Então, ele foi ferido no que considerava de mais sagrado.*

O que lia teria sido bastante para fazê-lo desfalecer. Mas mal transparece um traço de dor em seu rosto macilento e magro.

– *Não se desculpa?*

Nada. Lê tudo até o fim. Queda-se, por instantes, tragicamente emudecido, parecendo concentrar todas as suas forças no amor a Deus e à sua Congregação. Compreende tudo, mas sem uma palavra entrega o papel ao superior, inclina-se até tocar com a fronte no assoalho, e assim fica esperando a sentença que ele bem sabia: expulsão da Congregação, conforme mandavam os estatutos e regras da mesma. Santo Afonso interroga-o:

"Então, que é que o senhor tem a responder?"

Somente um silêncio aterrador lhe responde... Santo Afonso insiste: "Não diz nada?! Esperava de sua parte um grito de indignação! Ao menos algumas palavras... uma explicação plausível... Mas nada, irmão Geraldo?! O senhor não responde nada?!"

Geraldo está mudo, tragicamente emudecido, como o carneiro que é levado à morte. Santo Afonso, após algum tempo:

"Irmão Geraldo, o senhor compreende bem a gravidade desta acusação que lhe fazem?"

"Sim, meu pai."

"E isso é tudo que o senhor tem para dizer-me?"

Agora o silêncio torna-se insuportável, terrível, opressor...

– *Pobre superior.*

Sim. Santo Afonso não queria acreditar... ele daria tudo para não acreditar na culpabilidade de Geraldo. Ele não se sente no direito de arrancar-lhe o hábito de sua Congregação e expulsá-lo, mandando-o de volta a Muro Lucano. Mas este silêncio, obstinado, terrível?... Enfim, com aparente calma e frieza, dá a sentença:

"Irmão Geraldo, jurei que não conservaria nunca em minha Congregação um membro que a houvesse maculado... Seria pelo que me contaram de sua conduta, no passado!? Seria uma fraqueza esta indulgência de minha parte, e de que irei arrepender-me mais tarde?! Não o expulso, como devia. Mas proíbo-o, até segunda ordem, falar ou escrever a pessoas fora da Congregação e, proíbo-lhe, igualmente, receber a santa comunhão..."

"A santa comunhão, meu pai?!"

Com um gesto seco, Afonso o despede:

"Não tenho mais nada a dizer-lhe. Pode ir-se..."

– *E ele?*

Retira-se, meio entontecido, para uma cela do convento e, pela primeira vez na vida, vai deitar-se durante o dia. Está arrasado, doente. Reza constantemente.

– *Também o golpe não foi mole!*

Mas é um "culpado" que é visto elevar-se em êxtase sobre o leito. Por isso seus confrades confabulam entre si:

"Não; ele não pode ser culpado do que o acusam! Onde já se viu um pecador elevar-se em êxtases?!..."

Aconselham-no a justificar-se ao superior:

"Irmão Geraldo, por que não disse nada para defender-se? Nós sabemos que é inocente..."

"Meu Deus e Senhor me castiga por causa do meu pouco amor, mas eu o tenho dentro de mim e ninguém me poderá arrebatar!"

Era assim que ele respondia, e os confrades voltavam à carga:

"Irmão Geraldo, mas por que o senhor não se justifica diante de nosso superior?!"

"Este é um fazer de Deus; a Ele compete conduzi-lo."

Parece que este gênero de conversa não o agrada, por isso reza:

"Sofrer por vós, meu Deus! Sofrer convosco... Não a mim, mas a vós compete fazer brilhar a verdade. Escolhereis vossa hora para justificar-me. Esta provação que me enviais não devo aceitá-la como um sinal de vossa santa vontade? Fazei o que vos aprouver, Senhor! Eu, por mim, só quero o que vós quereis. Tudo é bom... tudo é bom... Se quereis que eu seja humilhado, como poderia queixar-me a vós que sois o modelo de humilhação!? Penso é naquela moça que me difamou. Perdoai-a, Senhor! E, já que me é proibido receber-vos na santa comunhão, morrerei esmagado pelo desejo de vossa presença sacramental, mas não me queixarei... amar-vos-ei até o fim, ó vós, que tanto me amastes! Sofrer por Deus, sofrer na imensidão de Deus... É o paraíso!"

Tão logo o culpado se refez do abalo sofrido é mandado para Ciorani, a casa do Noviciado. Aí deveria penitenciar-se e sua conduta seria observada.

Em Ciorani

Demos, então, um pulinho até lá para ouvirmos as conversas mais frequentes naqueles dias ali:

"Irmão Geraldo, o senhor deve sentir muito a proibição de receber a santa comunhão, não é verdade?"

"Eu me entrego aos santos desígnios de Deus."

"Estranho é que ninguém o ouve queixar-se de estar proibido de comungar."

"O meu Senhor mora dentro de meu ser, e dali ninguém poderá arrancá-lo."

"Acho que o senhor deveria pedir a permissão de comungar... o senhor está inocente!"

"Se for preciso morrerei, mas cumprindo sempre a vontade de meu Pai do Céu."

E aqui sua mão magra e ossuda bate com força no corrimão da escada como sinal de desagrado por este tipo de conversação. Certa manhã um padre vem pedir-lhe o favor de ajudar-lhe na santa Missa.

– *E como ele gostava de ajudar nas missas!*

Mas desta vez ele se escusa:

"Não, meu padre; não me peça isso, por amor de Deus! Eu não aguentaria e seria até capaz de arrancar-lhe das mãos a Hóstia Consagrada".

E sai, às pressas, para ocupar-se com algum afazer que o distraia deste pensamento.

– *E... o brinquedo-jogo entre Jesus-Pão e Geraldo está ficando trágico... e o pobre Geraldo, desta vez, está perdendo...*

Perdendo, hein?... O que você entende disso?... Quando Jesus e Geraldo jogam, a regra é: quem perde, ganha!

Os dias de sua "observação" em Ciorani escoaram lentamente. Santo Afonso chama-o a Pagani e abranda-lhe a penitência. Dali por diante, ele poderia comungar aos domingos.

Convém lembrar-se de que, naqueles tempos, havia muita rigidez em permitir a sagrada comunhão, e o costume, quase geral, era a comunhão duas vezes por semana, apenas.

Em Materdomini

E Geraldo foi mandado para o convento de Caposele. Irá viver junto ao Santuário de *Materdomini*, a mãe do Senhor, o que para ele era motivo de grande alegria.

O padre Juvenal, superior de Caposele, ficou encarregado de continuar observando-lhe o procedimento.

Para esta "primeira comunhão", após tão longo tempo, Geraldo pede licença de se preparar de modo especial: quer ficar isolado, em completo retiro, desde sábado até a hora da missa, no domingo.

– *Obteve permissão?*

Sim; e ele se retirou. Mas o padre superior veio a precisar dele e o procurou pela casa inteira. Nem em seu quarto, nem em qualquer outro lugar foi possível encontrá-lo.

O Dr. Santorelli, muito amigo dos redentoristas e muito zeloso pela saúde física dos missionários, vem ao convento como de seu costume, e percebe logo a inquietação que vai no rosto de padre Juvenal.

"Não se pode esconder-lhe nada, hein, doutor?... É que o irmão Geraldo sumiu e ninguém, nesta casa, dá conta dele!"

"Não está no quarto?"

"Não, doutor. Eu mesmo revistei tudo, até por baixo da cama. Minha preocupação é se ele estiver adoentado..."

"Não se inquiete, padre Juvenal. Garanto-lhe que, na hora da comunhão, ele vai aparecer. O senhor verá!"

Dito e feito. Mal o irmão sacristão toca a entrada da missa que Geraldo vem vindo pelo corredor como se voasse nas asas de um anjo.

"Irmão Geraldo, o padre reitor o está procurando."
Ele foi encontrar-se com o superior e... recebe um "pito" daqueles.
"Então, onde estava o senhor?"
"Em meu quarto, padre reitor."
"Em seu quarto?... Ora... ponha-se de joelhos... Nós cansamos de procurá-lo por toda a casa, e o senhor vem me dizer que estava no seu quarto, hein?... Onde estava?"
"Em meu quarto, padre reitor. Eu lhe pedi licença para ficar de retiro em minha cela, desde ontem até hoje à hora de comunhão... está lembrado?... Pois é, para ficar mais recolhido e evitar as distrações, eu pedi ao meu bom Jesus que me tornasse invisível... E, pelo que o senhor está falando, sei agora que Ele me concedeu este favor!"
"Com o senhor é mesmo impossível, irmão Geraldo. Eu deveria proibir-lhe a santa comunhão por mais um mês e castigá-lo com jejum a pão e água."
Assim falou o padre Juvenal, esforçando-se por mostrar severidade na voz e no olhar. Mas, diante de tanta inocência e candura, sua vontade era de sorrir ou chorar tal o sentimento que se apossara dele. Via as maravilhas de Deus com este irmão leigo tão simples e tão santo.
– *E Geraldo?*
Respondeu com a costumeira serenidade e alegria no rosto:
"Se o senhor me ordenar isso, meu pai, eu obedecerei por amor do meu Jesus Crucificado".
E o padre Juvenal, fazendo um grande esforço:
"Está bem. Por esta vez passa... Mas fica proibido de fazer tais pedidos a Nosso Senhor. Nós poderemos precisar de seu trabalho... ouviu bem?"

Duas cartas

Começa o mês de julho. Os acontecimentos tinham-se precipitado com lances teatrais: ora trágicos, ora dolorosos, ora equívocos e... aproxima-se o final feliz com uma digna apoteose.

– *Que se passava?*
Duas cartas chegaram às mãos do padre Afonso Maria de Ligório.
Uma era de Néria Caggiano que ficou doente, e não aguentando os remorsos, arrependeu-se de suas calúnias contra o pobre Geraldo.
– *Graças a Deus que ela tenha se convertido!*
Procurou o confessor e se acusou tão formalmente que este exigiu dela uma reparação em boa e devida forma. Também ele próprio julgou-se no dever de escrever a Santo Afonso, desculpando-se por sua falta de bom senso e credulidade às acusações de uma mentirosa. Pedia-lhe que reparasse o mal.
– *Santo Afonso deve ter pulado de alegria ao ler estas duas cartas!*
Se pulou, não sei; mas uma grande e incontida alegria inundou-lhe a alma, isto é certo. Apressou-se a chamar Geraldo a Pagani. E este, com a mesma simplicidade com que viera antes, compareceu-lhe à porta da pequena cela, sem indagar o porquê.

Um encontro

Imaginemos o encontro dos dois santos na pequeníssima cela do Fundador dos Redentoristas. As palavras são simples, mas carregadas de sentimento:
"Sinto-me feliz por poder colocar minha inteira confiança no senhor, irmão Geraldo: Pérfidas acusações me fizeram duvidar do senhor. Mas tenho certeza de que a provação não lhe terá sido inútil".
"Toda provação é útil, meu pai, porque faz parte da Cruz de nosso Redentor."
"Mas, irmão Geraldo, por que guardou tão terrível silêncio e não teve uma palavra para justificar-se, quando o chamei aqui, pela primeira vez, e sob aquela acusação?!"
"Como poderia fazê-lo, meu Pai? A Regra do nosso Instituto, esta Regra que o senhor mesmo escreveu sob inspiração do Santíssimo Redentor, não nos proíbe defender-nos, quando somos acusados? E não nos ordena receber as humilhações como Nosso Senhor recebia os golpes do pretório de Pilatos?"

A esta altura Santo Afonso ergue-se e o abraça comovido. "Deus te abençoe, meu filho (Figlio mio, sii benedetto)! Que o Santíssimo Redentor o abençoe para sempre! Reze por mim e pelo nosso Instituto! Agora vai em paz!"

E assim o despede, com os olhos nadando em lágrimas de gozo e consolação por Deus ter dado à sua Congregação um santo como o irmão Geraldo.

Impressões
– *Quais suas impressões de Pagani? Você esteve lá, pois não?*
Sim. Após duzentos anos destes acontecimentos, vivi momentos de indizível emoção no mesmo cenário onde se desenrolaram. Se não lhe for incômodo, tentarei descrever-lhe palidamente:

Foi uma noite brava de frio invernal como nunca tinha conhecido. Durante o dia, participei de uma peregrinação, com alguns colegas, ao túmulo de São Geraldo em Materdomini, Caposele. O frio era terrível. Toda Pagani tremulava com flocos de neve caindo. O Vesúvio, ali bem defronte da janela, donde Santo Afonso, já muito velhinho, lançou-lhe a bênção e a erupção que ameaçava cessou. Mas, desta vez, ele se cobria era de uma mortalha branca. Na vetusta celinha do santo Fundador, que medi com palmos de minha mão, achando dezenove de comprimento por doze de largura, aqueles móveis empoeirados, testemunhas mudas dos fatos que ali se deram! Três cadeiras, a escrivaninha tosca, a janelinha que dá para a capela da "Adolorata" (Nossa Senhora das Dores), e donde Santo Afonso fazia suas visitas ao Santíssimo Sacramento, o genuflexório, a placa de metal na parede com os dizeres com que o padre Antonio Tannoia, que conviveu com os dois santos, descreve o encontro deles... Tudo falava tão eloquentemente! A emoção era tão viva que me ajoelhei, rezei por bastante tempo, depois beijei reverente aquele piso outrora calcado pelos pés de Geraldo e Afonso Maria. Saindo, fechei com todo cuidado a velha porta e passei a noite sem conseguir conciliar o sono, revivendo o encontro dos dois santos. Ou será que foi o frio intenso, a que não estava acostumado, que me fez perder o sono?...

XXX
DOIS MENDIGOS SANTOS

Por uns dois meses a vida de Geraldo foi como uma folhinha arrastada pelo vendaval. Mas, pouco a pouco, tudo foi voltando ao normal. Em julho de 1754 foi-lhe permitido receber a santa comunhão e, pouquinho depois, ele pôde retomar seu apostolado costumeiro. Foi como um sol, embaçado pelo nevoeiro, mas que voltou no meio do céu. E ainda realizou muito. Seus últimos meses de vida foram de intensa atividade. Vamos reencontrá-lo em Nápoles, ao lado de outro santo homem, o padre Margotta, que se encarregava dos interesses da Congregação Redentorista na Capital do reino, e residia numa das dependências da casa do senhor Hércules de Ligório, irmão de santo Afonso.

"Leve o irmão Geraldo com o senhor, padre Margotta, para Nápoles, e que lhe sirva de ajuda e companhia."

Assim decidiu Santo Afonso.

E, naquela tarde, a vetusta capital cheia de querelas e intrigas políticas nem sequer reparou nos dois vultos esguios, entrando-lhe portas adentro. Nem era para menos: as batinas eram quase remendos só, os chapéus desabados, os sapatos "rindo" pelos quatro costados. Dois autênticos mendigos. Este era o aspecto exterior daquela santa emulação no caminhar de ambos para a santidade de vida. Eles porfiavam em visitar e consolar os doentes no "Hospital dos Incuráveis", ou os imundos casebres dos arredores de Nápoles. Ambos trocavam o descanso por longas vigílias de oração e contemplação diante do Tabernáculo. O regime deles era: dormir pouco, pouca ração e bastante golpes de

disciplinas no "burrinho" (era assim que apelidavam os próprios corpos!) para que este não lhes aprontasse "burradas".
— *Regime invejável, palavra...*
Aqui não cabe ironia, meu caro. E tem mais: frequentemente o padre "se esquecia" de avisar o irmão para preparar-lhes o almoço; e o irmão "se esquecia" da mesma forma.
— *O recurso era apertar o cinto...*
E que outro remédio?! Mas exultavam, porque assim lhes sobrava mais tempo para rezar e se dedicarem aos mendigos piolhentos e sujos de Nápoles. Por vezes satisfaziam a sua "gulodice" (assim chamavam a fome!), esmolando um prato de comida às portas dos palácios ou dos conventos religiosos, ou até participando da "sopa dos pobres", temperada com muita... humilhação.
— *Com isso a fome passava?*
Se ganhavam alguma coisa e comiam, por certo passava. Geraldo é que exultava em ser desprezado e sofrer como o seu Cristo e por amor dele.
— *Esta foi sempre a sua grande fome!*
Estas proezas acabaram chegando aos ouvidos de Santo Afonso que chamou os dois à ordem, relembrando-lhes que a Regra proibia mendigar.
— *E então, montaram uma cozinha?*
Mas bem ao gosto dos dois:
"Que preparou hoje para o nosso almoço, irmão Geraldo?"
"O que o senhor mandou, padre Margotta."
— *Quer dizer?*
Nada, exatamente. Quer dizer, os dois tinham "se esquecido". E os dois traquinas felizes como se tivessem aprontado uma das suas, iam garimpar no armário um pedaço de pão velho ou compravam qualquer coisa de comer num mercadinho, ali por perto, para enganar os estômagos. Mas houve dias de banquete.
— *Essa não!*
Sim; como no dia em que o irmão Francisco Tartaglione passou por Nápoles. Intuindo qual o regime da casa, tirou dois carlinos e deu-os ao irmão Geraldo.

"É para comprar alguma coisa para o nosso almoço, irmão Geraldo. Eu tenho alguns afazeres aí pela cidade, mas volto para o almoço."

E, quando ele volta, topa com a mesa preparada: sobre a toalha enfileiram-se lápis, fósforos, cadarços e iscas de isqueiro!

– *Coitado do irmão Tartaglione!*

Não acostumado ao regime, ele pergunta:

"Que é isso, irmão Geraldo?"

"Um aperitivo, meu irmão... e dos mais finos! Veja!..."

"Se não me engano é a sua velha loucura que está de volta. Pelo visto o senhor nem acendeu o fogão!..."

Chega também o padre Margotta e Geraldo diz com matreirice:

"Temos festa grossa, hoje, meu pai... Veja: primeiro este prato frio!"

E o irmão Tartaglione:

"O que eu estou vendo são os fósforos... E não sou cego!"

"E aqui: pastéis, carne assada, legumes finos."

"Quer dizer: cadarços de sapatos, iscas de isqueiro, lápis coloridos!"

"Vejam ainda: vinhos dos melhores, queijos e doces saborosíssimos!..."

O padre Margotta sacode a cabeça e sorri com brejeirice, pois já imagina um pedaço de pão seco para o almoço. O irmão Tartaglione tartamudeia:

"E onde foram parar os dois carlinos que lhe dei para..."

"Ah! É que o mercado, hoje, mudou-se para a nossa Portaria, e os mercadores eram os pobres de Jesus Cristo. Os coitados morriam de fome e só tinham esta mercadoria para vender. Aí julguei acertado tornar-me freguês deles. Comprei-lhes a mercadoria para terem com que enganar os estômagos."

"De sorte que aquelas moedas foram parar nas mãos..."

"Oh! Não se zangue por tão pouco, homem de Deus! Alguém as deu ao senhor por caridade; e elas se acostumaram a ser dadas, e eu não quis contrariá-las."

"E nós, que iremos comer?... Fósforos... Cadarços?..."

"Não se preocupe, homem de fé pequenina, Deus providenciará!"

O padre Margotta, já acostumado com seu "cozinheiro", acrescenta sorrindo:

"Está bem, está bem, irmão Geraldo, vamos nos assentar assim mesmo".

E o irmão Tartaglione já mais azedo:

"Para comer lápis coloridos?"

E o padre Margotta:

"Eu pensava rezar a 'Benedicite', mas poderemos rezar a 'Ação de Graças'".

Neste instante soa a campainha da Portaria. Geraldo vai ver quem está tocando a sineta. Dali a pouco, volta acompanhado de um criado que vem trazendo um cesto grande.

"Padre superior, este rapaz quer falar-lhe."

O desconhecido coloca o cesto defronte ao padre Margotta e diz:

"Faça-me o favor de aceitar isso! Fui incumbido de entregar-lhe este cesto da parte da senhora N., saudá-lo e despedir-me. E é o que faço. Até logo, meus senhores!"

Dizendo isto, o desconhecido ganha a rua e desaparece. Os três se entreolham. Geraldo sorri matreiramente. O irmão Tartaglione está todo embasbacado, parece-lhe estar sonhando ou em outro planeta; o padre Margotta abre o cesto e vai retirando dele: pratos magnificamente preparados, frutas, queijos finíssimos, vinhos e doces... balança a cabeça enquanto repete sempre:

"Irmão Geraldo... Ah! Irmão Geraldo... Irmão Geraldo..."

Geraldo já tomou seu lugar à mesa, indica um lugar ao irmão Tartaglione, e comenta como se fosse a coisa mais natural que estivesse acontecendo neste mundo:

"Padre superior, o senhor queria rezar a 'Ação de Graças'? Acho que seria melhor recitarmos o 'Benedicite'".

Em Nápoles seu cargo de cozinheiro permitiu-lhe aprender com um amigo um pouco de modelagem e pintura. Suas mãos e seu coração logo lhe proporcionaram criar impressionantes quadros do "Ecce Homo" e outras pinturas. Interessante é que todas estão ligadas ao tema da Paixão de Cristo. Algumas delas existem ainda em Deliceto, Vietri e Materdomini. Esta será sua ocupação em Caposele nos seus momentos de folga, como porteiro, e nos seus dias de doente.

– *Na verdade a grande meta de Geraldo foi sempre modelar em si a imagem do Cristo Crucificado.*

E Jesus permitiu-lhe provar da taça amarga da calúnia e do abandono do Calvário.

Em Deliceto experimentou o terror de sentir-se abandonado por Deus. Por esta razão deixou, muitas vezes, a santa comunhão.

– *E ele era um faminto de Deus...*

Num destes "jejuns dolorosos", testemunha o cônego Bozio tê-lo visto perambular pelos arredores de Atella, cantarolando as "Lamentações do Profeta Jeremias", às vezes, para enganar sua "fome" de Deus, sentava-se ao órgão, tocava e cantava com voz apaixonada uma canção composta por Santo Afonso e que dizia assim:

"Felizes florinhas que, de noite e de dia,
Ficais permanente bem junto ao Amado...
Círios ditosos que vos consumis
Em honra de nosso comum Redentor..."

– *Ignorava que Geraldo entendesse de música.*

Pois ele tocava, com rara habilidade, vários instrumentos.

Sua crucificação mística foi se acentuando mais e mais. Pelo mês de julho de 1754, ele escreveu a uma pessoa amiga:

"Eu lhe escrevo esmagado debaixo da cruz a que estou pregado por indizíveis agonias. É com dificuldade que as lágrimas de dor me permitem traçar-lhe estas linhas. Minha dor é tão amarga que me faz provar as ânsias da morte; e, quando me julgo a ponto de morrer, a vida volta para torturar-me mais ainda... estou pregado à cruz com Jesus... Minha alma se encontra numa desolação total. A exemplo de meu Senhor Jesus e para em tudo retratá-lo em mim, repito sempre: 'Que seja feita a tua vontade, ó meu Deus!'"

— *Com quanta leviandade andamos repetindo por aí que os "santos já nascem santos".*

Ao contrário, com quanta heroicidade os santos se fizeram no que são!

Pelas ruas da vetustíssima Partênope, passava Geraldo e com ele a presença de Deus. Diante dos miseráveis e suas misérias, ele era o sorriso alentador:

"Confiança, boa gente! Isso não é nada, e não há de ser nada!"

De fato sua mão traçava um sinal da cruz e os males desapareciam. Realmente eram nada.

— *E ele desaparecia também...*

Mas o povaréu não podia enxergá-lo, e corria-lhe atrás gritando:

"O santo... o nosso santo!"

Um fato elevou-o ao píncaro da popularidade:

Foi um dia de borrasca forte na baía de Nápoles. Ao longe, bem na linha do horizonte, podia-se divisar um barco de pescadores, encalhado junto à "Pietra del Pesce" (Pedra do Peixe). O naufrágio era inevitável, questão de horas e os pescadores estavam votados mesmo à morte. Impossível aproximar-se para socorrê-los. Não possuíam os recursos de hoje. No rosto da multidão aglomerada no cais via-se estampada a angústia, e os corações opressos nada podendo fazer.

Mas eis que pela "Strada del Carmine" (Rua do Carmelo) vem vindo o irmão Geraldo. Ele percebe logo a gravidade da situação. Para, ergue os olhos e as mãos para o céu numa prece fervorosa. Traça depois sobre si o sinal da cruz, joga ao ombro esquerdo a orla do manto e entra resolutamente mar adentro. A multidão dá-se conta e emudece. Ninguém jamais viu coisa semelhante. Geraldo parece deslizar por cima dos vagalhões encapelados. Pouco a pouco gritos de medo e de esperança ecoam de cá e de lá. O vulto pequenino de Geraldo já se aproxima do barco em perigo:

"Em nome da Santíssima Trindade!"

E Geraldo pega "com dois dedos" a corda que pendia da proa e vem trazendo o barco que o acompanha como se fosse manso

burrinho acostumado ao cabresto. E vem sobre a água como se andasse em terra firme. A multidão rompe em delírio, cada qual procurando seu parente ou amigo salvo do naufrágio certeiro:
– *E Geraldo?*
Foge correndo com todas as forças de suas pernas, por entre aqueles becos estreitos da vetusta Partênope.
– *E a multidão?*
Ao se dar conta que ele lhe escapava corre atrás, gritando: "O santo! O nosso santo!"
Mas já era tarde para encontrarem o "nosso santo", porque Geraldo já estava bem escondido no armazém de um seu amigo, e dali só sairia noite velha.

Dali por diante não podia mais sair à rua. Era logo reconhecido e a multidão corria atrás dele para ao menos tocar-lhe ou cortar-lhe um pedaço da batina que guardavam como relíquia do "nosso santo". Em vista disso, Santo Afonso julgou prudente transferi-lo para Caposele. A carta com a nomeação é de primeiro de novembro de 1754.

Entretanto os nossos "dois mendigos santos" ainda passariam por Nápoles. Foi na primavera de 1755, a última de Geraldo nesta terra. Foram juntos a Calitri.
– *A passeio?*
Não. Para tentarem conseguir um pouco de saúde com a mudança de ares. A família Berilli os hospedou em Calitri. E fez de tudo para tratá-los da melhor maneira possível.
– *Era de se esperar, pois não?*
Tentaram até renovar o guarda-roupa de Geraldo, em troca de seus molambos guardados e beijados como relíquias preciosas. Conseguiram trocar os "sapatos" já lendários do irmão Geraldo, e que tinham descido cambetas e esburacados dos Apeninos. Só que estes "sapatos" que o levaram pelas ruelas de Nápoles, nunca "andaram" tanto como depois que saíram de seus pés.
– *O povo é sempre o mesmo: relíquias milagrosas!*
Mas o povo dificilmente se engana. De um pé para outro, de um doente para outro, dos da família Berilli ou conhecidos seus, e

dos conhecidos dos seus, e dos conhecidos dos conhecidos seus... Por fim foram reduzidos a pedacinhos e guardados como preciosidades do "nosso santo!"

– *E o chapéu?*

É outra história, mas acabou tendo a mesma sorte.

– *E qual foi a "novela" com o chapéu de São Geraldo?*

Dona Ângela Rinaldi veio à casa dos Berilli pedir ao "santo" que a curasse de seu mal de gota.

– *E então?*

Chegou à casa dos Berilli num momento em que não havia ninguém na sala.

Somente o desabado chapéu ali estava pendurado num cabide, ao alcance de sua mão. E ela matutou:

"Ah! Agora vou ver se este irmão Geraldo é santo mesmo!"

Confiadamente pega o chapéu e o mete na cabeça e... constatou que Geraldo era santo de quem ouvira tantas maravilhas!

Algum tempo depois os missionários Redentoristas pregaram uma Missão em Calitri e Geraldo os acompanhou. O padre Antônio Tannoia deixou-nos este testemunho desta Missão:

"O único trabalho dos padres foi absolver, no confessionário, os pecadores que Geraldo convertia".

– *Depois de tudo... também não era para menos!*

XXXI
JUNTO À MÃE DO SENHOR

Materdomini!
É o reencontro de Geraldo com a Mãe do Senhor. Quantas lembranças daquela peregrinação que ele, ainda menino, e mamãe Benedita fizeram até ali: o santuário da *Mãe de Deus*! Quantos lindos segredos, ele e sua "noiva" se disseram então!

As crônicas assinalaram sua chegada a Caposele, sua última morada nesta terra, como acontecida dentro da "oitava dos fiéis defuntos" correndo o ano de 1754.

Porteiro
"Irmão Geraldo, seu trabalho aqui é de porteiro, e aqui estão as chaves da Portaria."

"Que estas chaves, meu pai, me abram as portas do Paraíso."

Este foi o curto diálogo entre o padre Gaspar Caione, superior do convento, e Geraldo, que recebia assim seu ofício principal na comunidade Redentorista das nascente do rio Sele: *Caposele*!

– *"Oitava dos fiéis defuntos"... "Porta do Céu!" Já seria um pressentimento?*

Quem poderá dizer?... O certo é que Geraldo já está escarrando sangue diariamente.

Fome e pobres
Mas ele está contentíssimo com a tarefa que lhe coube. É que, antigamente, nos conventos dos Redentoristas, o irmão

porteiro era o incumbido de dar as esmolas aos que para lá acorressem de mãos estendidas. Ele passará quase o dia todo junto a estes seres, os menos apreciados pela Humanidade: os mendigos.

— *É que ele via naqueles corpos sujos, doentes, aleijados ou maltratados, o próprio Jesus que ali se esconde, desafiando a fé e o amor dos cristãos.*

Exatamente. E o que era desafio para todo cristão tornava-se a tarefa diária, costumeira para ele. E como se desdobrou para servir Cristo nos irmãos com fome! A neve cobriu tudo. Para os pobres e animais sobrou apenas o dilema: ou se agasalharem nas cocheiras e cafuas e morrer lentamente de fome; ou sair em busca de alimentos com o risco de morrerem enregelados. O padre Caione autorizou Geraldo a providenciar ajuda aos flagelados da fome e do frio até com tudo o que o convento possuísse.

— *Coitado do padre Caione! Será que conhecia Geraldo? Vai ter muitas "encrencas" pela frente.*

Pão é que não falta

A primeira encrenca é com o irmão padeiro:

"Padre reitor, fazer caridade é coisa ótima, ninguém põe isto em dúvida, ninguém é contra... mas querer que eu passe o dia inteiro e até parte da noite junto da amassadeira e à boca do forno, fazendo pão para esses piolhentos! Ah! isso é que não! O nosso porteiro está merecendo uma liçãozinha do senhor sobre comportamento na portaria..."

— *E o padre Caione, que faz?*

Balança a cabeça e sorri, e fica nisso. Mas o irmão padeiro já tem o seu plano. Certa manhã, propositadamente, não faz pão.

"Na hora que faltar, vai entender!"

E o porteiro pródigo, de nada sabendo, não diminuiu sua prodigalidade. Repartiu pães a mãos-cheias. Chega a hora do almoço dos padres e irmãos, e o superior é avisado que falta pão, porque o porteiro deu tudo aos mendigos. Então, o padre Caione chama Geraldo e mostra-lhe, com brandura, que é preciso ter mais prudência, mais bom senso, mais moderação...

"Meu pai, não se preocupe, Deus providenciará! Vamos lá ver o que ainda resta."

Aqui o irmão padeiro se estrepa:

"Não tem mais pão nem migalha de pão, pois o senhor deu tudo!"

"Ora, não custa... Vamos lá ver de pertinho, meu irmão."

E o padeiro, já nos azeites, pontifica:

"Pois que vá e veja quanto quiser! Mas não tem, não tem... não tem nem meio pão!"

E Geraldo com um sorriso:

"Mas a gente ir lá para uma espiadinha só não faz mal... Vamos!"

Foram e viram: o baú cheinho de pão rosado, quente ainda, e com a casca estalando. O irmão padeiro fica meio abobado, como se acordasse de um pesadelo ou o céu lhe viesse sobre a cabeça, murmura apenas:

"Mas estava vazio agorinha mesmo... e eu não fiz pão hoje!"

E o padre Caione sussurra-lhe ao ouvido:

"Deus está com ele, meu irmão! Deixe-o fazer como quiser. Nós não entendemos bem destas coisas. Nosso Senhor brinca com ele!"

– *Pão, Jesus e Geraldo... Já faz tempo que esta brincadeira começou!*

Mais "encrenca"

Dali por diante, o irmão padeiro tornou-se um mão na roda. Eram fornadas sobre fornadas. Mas a farinha começou a baixar nas arcas assustadoramente. Tanto assim que o padre superior e o irmão despenseiro tiveram uma conversazinha, cujas deliberações chegaram aos ouvidos de Geraldo:

"Irmão Geraldo, tenha um pouco de moderação, homem! Nesta toada, logo, logo não teremos mais o que pôr à boca. Nem nós, nem os pobres!"

"Fique tranquilo, padre superior! Deus providenciará!"

"Sim, irmão! A Providência Divina nunca falta aos que nela confiam. Deus não se deixa vencer em generosidade... Mas a ninguém é permitido tentar a Deus a que faça milagre!"

"Pois garanto-lhe, padre superior: se for preciso Ele o fará. Os pobres é que não podem morrer de fome por não repartirmos com eles!"

O entendimento veio quando resolveram dar uma chegadinha à despensa para Geraldo constatar como a farinha estava baixa nas arcas e... (quem sabe?) concordar com um racionamento.

– *Foram?*

E toparam com as arcas... repletas, da melhor farinha, até em cima!

Com os envergonhados

O inverno foi tão rigoroso que até pessoas mais ou menos remediadas estavam passando fome. Chega um destes senhores, todo sem jeito, no fim da fila dos pobres, e não sobrava mais nada na cesta...

"Mas espere aí, meu amigo! É só um instantito..."

E Geraldo volta com um pão da melhor qualidade, tirado não se sabe donde, para mais este filho do Pai Celeste.

Duas mocinhas de família rica, mas em penúria por causa da crise com o inverno, vêm, igualmente, estender a mão à caridade do irmão Geraldo. Tudo já tinha sido distribuído ao pobrerio, sempre mais numeroso na portaria do convento.

"Um momentito, minhas filhas!"

Dali a pouco Geraldo volta e lhes entrega um grande pão que, como o primeiro, não provinha do forno do convento.

Agora a "encrenca é na cozinha"

Felizmente acabaram-se as complicações com os irmãos padeiro e despenseiro. A "briga" passou agora para a cozinha. Com a conivência e permissão do superior, Geraldo "assaltou as panelas", caldeirões e assadeiras na cozinha. O irmão cozinheiro era homem enérgico:

"Seu irmão Geraldo, cuide de sua portaria! A cozinha é comigo, ouviu!"

"Deus providenciará, meu irmão! Não se preocupe."

Com os ouvidos retinindo das imprecações do cozinheiro, Geraldo sempre deixa a cozinha, mas com as mãos lotadas de marmitas e caldeirõezinhos.

E o "mestre-cuca" fica remoendo:

"Vamos ver é na hora do almoço da comunidade! As panelas já estão limpas. E se põe a despejar numas travessas o "fundo" dos caldeirões. Foi o que sobrou para o almoço da comunidade...

"Mas que é isso, meu Deus? Estes caldeirões hoje parecem poço sem fundo! Que está acontecendo aqui?"

E o cozinheiro, naquele dia, enche todas as travessas para o almoço da comunidade, e os caldeirões ainda estão... cheios! Daquelas panelas saíram, naquele dia, muito mais comida que o cozinheiro pusera para cozinhar!

– *Com Geraldo até o "impossível" acontece, já não foi dito?*

Na alfaiataria

Sendo roupeiro o próprio Geraldo, esta foi uma área sem litígios.

O que não significa não ter ocorrido prodígios lá também.

As crianças, principalmente, tiritavam de frio. Geraldo condoía-se com estes pequeninos e sofredores inocentes. Acendia o fogo e até tentava aquecer-lhes as mãozinhas geladas com o calor de suas próprias mãos. Dizia:

"Pobres inocentes! Nós pecamos e eles sofrem por nossa causa!"

Naquele inverno ele conseguiu, por vezes, alimentar e agasalhar cerca de duzentas crianças. Geraldo falava ao entendimento e ao coração das pessoas. Daí que muitos pedintes, mais precisados no espírito que no estômago, passavam da portaria para o Confessionário numa conversão sincera. Suas boas maneiras, sua gentileza no trato com todos e sua bondade ganhavam os corações. Era um homem unicamente preocupado em agradar a Deus.

Daí não se admirar dele elevar-se em êxtase pelos ares tão somente ao ouvir os acordes da flauta do cego Felipe Falcone modulando a canção "Il tuo gusto" (A tua vontade).

O cozinheiro daquele dia

– Êxtases na portaria não acarretam transtornos graves. Mas na cozinha é outra cantiga.

– *Bem; só um "miolo mole" confiaria a cozinha a um sujeito que passa toda a manhã só em "Ação de Graças" após a comunhão.*

Você é livre para pensar e dizer o que quiser. Mas ele era o "cozinheiro reserva", e substituiu o cozinheiro oficial, impedido naquele dia.

— *Imagino no que deu...*

Os ponteiros do relógio "já apontavam o infinito" e o fogão do convento redentorista de Caposele, naquele dia, ainda não tinha visto fogo. Nem a cozinha tinha sido aberta.

Convém lembrar que, naqueles tempos, era costume no sul da Itália que a primeira refeição do dia fosse o almoço.

— *E por onde andava o nosso cozinheiro-reserva?*

Todo transfigurado pela oração, vinha ele pelo corredor como se descesse do monte Tabor.

"irmão Geraldo, está na hora do almoço da comunidade, e a cozinha ainda nem foi aberta, homem de Deus!"

E ele, com o mesmo sorriso calmo:

"Homem de fé pequenina! E que é que os anjos estão fazendo?"

Sabe-se apenas que a comunidade nunca saboreou antes um almoço tão gostoso, quentinho e tão em cima da hora, como naquele dia...

— *E vai me dizer que os anjos cozinharam?*

Como um anjo de Deus

Bem; cada um no seu lugar: junto ao fogão os anjos eram bem mais eficientes que Geraldo, em contrapartida ele os substituía com vantagem aos pés do Tabernáculo...

Por vezes, ao se julgar sozinho, ele se expandia em suspiros e protestos de amor a Deus. De certa feita, o padre Caione aconselhou a moderar seus élans afetivos. Então, Geraldo pegou-lhe a mão e a colocou sobre o seu peito. E ao padre Caione pareceu que o coração de Geraldo iria pular-lhe fora do peito. Alguém ouviu-o falando ao pé do altar:

"Vós me chamais de 'louco' (Pazerello), mas que posso fazer, meu Deus! Sois vós quem me dais o exemplo!"

Algumas vezes foi visto passar adiante do Sacrário às carreiras e de cabeça baixa. O Dr. Santorelli estranhou e perguntou-lhe:

"Mas que é isso, irmão Geraldo? Não é faltar ao respeito?"

E ele, com maior candura, apontando para o Tabernáculo:

"É que Ele já me prendeu muitas vezes e eu não pude cumprir minha obrigação. Então, cada vez que passo por aqui receio que Ele me prenda de novo".

Geraldo era como estas chamas de velas que esparzem maiores clarões quando estão prestes a se extinguirem.

Filhinho do papai

Mas, antes deste círio se apagar para este mundo, aprouve a Deus fazê-lo brilhar mais intensamente. Com a chegada do verão, foram retomados os trabalhos na construção do convento.

– *Depois de um inverno tão apertado e com tanta miséria, onde angariaram recursos para a construção?*

O padre Caione confia no seu "ecônomo":

"Irmão Geraldo, amanhã é sábado, dia de pagamento dos operários, e não temos um carlino em caixa".

"E por que Vossa Reverendíssima não os pede a Jesus Sacramentado?"

O padre Caione sorri significativamente: o pedido estava sendo feito, isto é, encomendado a Geraldo. Ele vai para junto do Sacrário, sobe os degraus do altar, bate na portazinha e diz:

"Senhor, está na hora de nos ajudar. Tenho um pedido do padre superior ao senhor. É que... E vou ficar aqui esperando a sua resposta, está bem?

Geraldo desce, ajoelha-se aos pés do altar e se põe a rezar. As horas voam, a noite se vai, também toda a manhã de sábado... Já são cerca de onze horas quando soa a campainha na portaria. Ninguém está, mas pendurada na maçaneta da fechadura da porta, pelo lado de fora, está uma bolsa... cheia de dinheiro!

– *Donde teria vindo?*

O "doador" ficou sempre "desconhecido". Assim, por quatro ou cinco vezes, ele levou ao superior grandes somas de dinheiro sacadas... do "Banco da Providência Divina". O padre Caione costumava repetir:

"Este irmão Geraldo é o 'garoto mimado' do Pai do Céu".

XXXII
PEDIDOR DE ESMOLAS

Diz um provérbio: "Ajuda os outros e Deus te ajudará". A mão, que a tantos ajudou durante o inverno, vai agora se estender, pedindo também.

Mas a Regra dos Redentoristas não proibia o pedir esmolas?

No caso, não se tratava de esmolas propriamente ditas. Sua Excelência Reverendíssima, o senhor arcebispo de Conza, enviou uma boa ajuda aos Redentoristas e uma carta-pastoral a toda a diocese, em que permitia e aconselhava uma coleta de ajudas para a construção do convento de Materdomini.

– *E lá se foi Geraldo, o "pau para toda obra"...*

Escarrando sangue, fraco de morrer, mesmo assim ele se põe a caminho. A força de seu viver é a sua caridade sem limites, e ele vai implorar a caridade para os seus confrades:

"Em nome da santa obediência, irmão Geraldo, eu lhe ordeno de estar com saúde e ir fazer esta coleta que o senhor arcebispo está nos aconselhando".

Era o padre Caione quem falava. A cavalo, em companhia do irmão Francisco Fiore, partiu o irmão Geraldo.

– *Para onde?*

Senerchia, Oliveto, Contursi, Auletta, Vietri, San Gregorio, Buccino, foram os lugares que tiveram a felicidade de o verem pela derradeira vez. Parecia uma presença sobrenatural. Com uma mão recebia as ajudas que lhe davam para a construção de seu convento, e com a outra traçava sinais da santa cruz, sanando muitos males. Com o constante sorriso de anjo a bailar-lhe nos lábios, infundia confiança por onde passava:

"Não é nada, minha boa gente. Confiança! Vamos em frente! Deus está conosco".

E o seu vulto desaparecia na curva da estrada, mas no povo ficava a impressão de continuar vendo o rastro luminoso de seu rosto angélico: "O santo! O nosso santo!"

Esta era a voz comum do povo. Um caso típico da espiritualidade de Geraldo foi o que se passou em Senerchia.

– *Conte-o!*

Algum tempo antes, a cidadezinha se animou para a construção de sua Igreja Matriz. Para as vigas do teto abateram grandes carvalhos e abetos numa montanha ali defronte. Só então descobriram que não possuíam forças, nem meios para arrastarem as enormes toras até a praça da matriz. Todo o entusiasmo mudou-se em desânimo. E foi neste ambiente que aportou por lá o "esmoler de Materdomini". Posto a par da situação, nem titubeou por um momento. Mandou tocar o sino, reuniu o povo na praça e sorrindo:

"Não é nada, boa gente! Mas isso não é nada! Venham comigo buscar as toras!"

Assim foi o convite. A provocação dos brios do pessoal foi:

"A Igreja será para a maior glória de Deus. Ele nos ajudará. Vamos lá!"

Dos assistentes uns olharam a tempo, outros coçaram a cabeça, a tosse pegou em uns, noutros foi um sorriso amarelo. Mas, por curiosidade, acompanharam Geraldo até o local, onde jaziam os colossos abatidos já meio cobertos de musgos. Geraldo amarra uma corda que trouxera consigo no mais grosso deles; carpinteiros e mestres experientes estão ali e trocam olhares de entendidos, sorriem incrédulos diante de tanta ingenuidade deste fradezinho que é só ossos e braços esqueléticos:

"O que ele pensa que são estes troncos?"
"Acha que são gravetinhos?"
"Verá que não!"

— *Só que com Geraldo os imprevistos acontecem.*
Ele ajoelha-se sobre as folhas e cavacos, reza por uns instantes, ergue-se, traça o seu grande sinal da cruz, e ordena ao colosso:
"Criatura de Deus, em nome da Santíssima Trindade, eu te ordeno: Segue-me!"
Passa a corda sobre o ombro e se põe a andar na direção da cidadezinha, e atrás dele vem o colosso enorme como se fosse um cordeirinho manso. O povo se entusiasmou. Em pouco tempo, estavam na praça as grandes toras, donde tiraram as vigas, traves e todo o engradamento para a sua matriz.
Na pequena localidade denominada San Gregorio, Geraldo sofre violenta hemoptise.
— *Que é isso?*
Vômitos de sangue provenientes do pulmão. É sintoma de que a doença está na fase aguda. Em Buccino foi mais violenta ainda.
— *E ele aguentava-se ainda de pé?*
Enfraqueceu-se muito.
Em Oliveto hospedou-se com a família Salvadore. E foi aí que ficou "O lenço milagroso" das parturientes.
— *Sempre um lenço!...*
Geraldo foi visitar a família Pirofalo e "esqueceu" por lá um lenço. Dias depois uma mocinha, filha dos Pirofalo, veio entregá--lo na casa dos Salvadore. Mas Geraldo lhe diz:
"Fique com ele para você! Um dia lhe será de muita utilidade".
A mocinha guardou o lenço. Anos depois, no parto dificílimo de seu primeiro bebê, ela chegou às portas da morte. Lembrou-se do lenço do irmão Geraldo e do que ele lhe dissera: "Um dia ele lhe será de muita utilidade".
"Tragam-me aquele lenço!"
Mal colocaram aquele lenço sobre o ventre de parturiente que um lindo e forte bebê fez sua entrada neste mundo.
— *Escute, mas isso não são lorotas de comadres sem o que fazer na vida?*
Certo é que o tal "lenço milagroso" foi feito em pedacinhos e estes desfiados, pois foram muitos os que quiseram dele, ao

menos, um fiapinho. Veja a respeito, o testemunho do padre Antonio Tannoia:

"O irmão Geraldo é, especialmente, invocado como protetor das mães em trabalho de parto difícil. Por toda a parte ele é conhecido, e as mães, prestes a dar à luz, imploram seu prestimoso auxílio. Muitas trazem consigo uma medalha, uma imagem, ou mesmo uma efígie de Geraldo".

Geraldo, ainda hoje, em muitos lugares, é conhecido e invocado como protetor das mães em partos difíceis. Muitas pessoas que trazem o nome de Geraldo ou Geralda são ex-votos vivos da ajuda milagrosa de São Geraldo Majela às suas mães na hora do parto.

Até hoje, em Nápoles e regiões circunvizinhas, existe o costume de, na festa litúrgica de São Geraldo em 16 de outubro, benzerem-se lenços bordados com a efígie do santo irmão Redentorista.

É também comum oferecê-lo às recém-casadas como presente de núpcias.

– *Ah! Agora entendo por que os romeiros em Materdomini tanto se interessam pelos lenços bordados com o rosto do santo irmão.*

XXXIII
FUGIU DE NOVO!

Volta do irmão Geraldo

Antes de regressar a *Materdomini*, Geraldo assim se despede de seus hospedeiros e da família Pirofalo:

"Enquanto virdes um pano dependurado em uma das janelas do convento de Materdomini, é sinal de que ainda estou vivo; quando ele sair de lá, é que deixei esta terra".

Contam que durante seis semanas seguidas os olivetanos vão enxergar, distintamente, um pano branco dependurado da sacada de uma janela do convento de Materdomini.

– *Espere aí! Oliveto fica a uns quinze quilômetros de Caposele. Quem tiver boa visão poderá distinguir nesta distância o convento que é uma casa grande... isso é possível. Mas essa aí de enxergar portas e janelas e até um pano branco numa delas... não cola não...*

Recordo-lhe apenas que outros "impossíveis" tornaram-se possíveis, tratando-se de Geraldo.

– *E quando ele chegou a Materdomini?*

Rezam as crônicas daquela casa:

"Pelo meio-dia do dia 30 de agosto de 1755.

Chegavam assim ao fim também suas andanças como pedidor de esmolas para a construção do convento. Seu estado de saúde era péssimo; estava malíssimo, mas fizera de um tudo para vir morrer junto a seus confrades. Todos ficaram penalizados. O padre Caione não pôde conter as lágrimas. Só Geraldo irradiava alegria do céu e até animava os outros:

"Coragem, meu pai! Esta é a vontade de Deus, e a vontade de Deus deve ser feita com alegria e entusiasmo!"

Aqui se faz a Vontade de Deus

Logo que foi acomodado em seu humilde quartinho, pediu ao padre Caione que fizesse um cartaz e o colocasse à porta.

"Que devo escrever no cartaz, irmão Geraldo?"

"Por favor, escreva assim, meu pai: *'Aqui se faz a vontade de Deus, como Ele quer, e por todo o tempo que Ele quiser'*."

"E, por obséquio, pregue este escrito na porta... Sim... Assim na trava de cima..."

"Está bem assim, irmão Geraldo?"

"Agradecido, meu pai! É preciso que esta vontade divina e eu nos tornemos uma coisa só."

Reaparece o mestre da perdição

Um vulto indefinido, uma sombra... desliza pelo fundo do quarto, posta-se aos pés da cama do enfermo e... perverso, fingindo dó:

"Três, Geraldo, hoje como naquela noite da floresta, lembras-te? Não estás precisando de 'alguém' para te colocar num 'caminho seguro'?"

Geraldo volve-se a custo e geme:

"Não amar senão a Deus! Não quero ter senão um desejo: unir-me para todo sempre ao meu amado Deus e Senhor... Tudo se resume nisso: não amar senão a Deus".

E o "mestre da perdição" volta à carga:

"O homem pode se perder a qualquer momento da vida, e a qualquer momento pode precisar de um 'bom guia'... Eu estou aqui... queres que te restitua a saúde?"

Ao que Geraldo responde:

"E que faria com a saúde?"

E o pérfido:

"Ora... tantas almas ainda poderiam ser salvas pela tua atividade..."

E Geraldo, resolutamente, põe um ponto final na conversa:

"Só o que Deus quiser! Sim, só quero o que Deus quer... E, quanto a ti, besta infernal, vai-te embora, em nome da minha querida Santíssima Trindade!"

Os últimos Sacramentos

Era o dia cinco de setembro, Geraldo pediu os últimos sacramentos. O padre Buonomano traz-lhe o viático e diz-lhe mostrando a Santa Hóstia:

"Eis, meu irmão, o teu Deus e Senhor! Agora Ele está diante de ti, como um Pai de misericórdia, em breve tu estarás diante D'Ele, como teu juiz. Reaviva, pois, tua fé e renova tua profissão religiosa".

Transpirando humildade e confiança, Geraldo responde ali em face da Hóstia Divina que a ninguém engana:

"Meu Deus e meu Pai, vós sabeis que em tudo o que fiz, tudo o que eu disse, só procurei, unicamente, vossa maior glória e a implantação de vosso Reino de amor na terra. Agora morro contente, pois creio que não fiz outra coisa que realizar vossa divina e amável vontade a meu respeito!"

No dia seguinte, o seu estado de saúde agravou-se muito. Aos vômitos de sangue, que já o enfraqueciam tanto, veio juntar-se uma disenteria.

Todos concordam: o fim do irmão Geraldo se aproxima. Foi-lhe ministrada a "unção dos doentes".

Como num teatro

O padre Cármine Fiocchi era o diretor espiritual de Geraldo e mandou-lhe uma carta. Ele a lê com todo o respeito. Dobra o papel e o coloca sobre o peito. O Dr. Santorelli vem para a visita médica e examina-o:

"Que é esse papel aí, irmão Geraldo?"

"É uma carta do padre Fiocchi, proibindo-me escarrar sangue."

"E o senhor vai obedecer?"

Por resposta, Geraldo volta-se para o irmão enfermeiro e pede-lhe:

"Por favor, irmão, leve daqui este urinol! Não vou mais escarrar sangue!"

– E então?

Daquele momento em diante, Geraldo não teve mais hemoptise alguma.

– *E a disenteria parou também?*

Essa foi a preocupação do Dr. Santorelli igualmente:

"Irmão Geraldo, não vai adiantar nada cortar a hemorragia se a disenteria persiste..."

Ao que Geraldo responde ingenuamente:

"É doutor, mas a ordem que eu recebi foi para parar de escarrar sangue..."

Aqui o Dr. Santorelli percebe então que tratamento aplicar com este paciente. Vai encontrar-se com o padre Garzilli para uma "conferência médica" sobre o caso de Geraldo. Pouco depois, o padre Garzilli vai à cela de Geraldo, fingindo um ar severo e escandalizado diz:

"Mas então é assim, irmão Geraldo, que o senhor sabe obedecer, hein?! A ordem do padre Fiocchi é que o senhor se cure, levante-se desta cama agora mesmo e vá trabalhar!"

E Geraldo:

"Se é assim, meu pai, quero obedecer integralmente!"

– *E vai me dizer agora que foi o fim do tenesmo?*

E da febre que o devorava. Bem cedo, no dia seguinte, o Dr. Santorelli, na sua ronda diária pelos doentes de que cuidava, volta à cela de Geraldo. Encontra a cama vazia, bem arrumadinha, porque Geraldo... tinha retomado suas obrigações na comunidade. Ante a admiração do médico, ele dá esta explicação cheia de naturalidade:

"Doutor, eu deveria morrer no dia da festa da Natividade de Nossa Senhora (8 de setembro), mas o bom Deus me prolongou por uns dias a minha vida para eu poder obedecer a meu diretor espiritual".

O fim se anuncia

Houve uma brusca recaída, pelos fins de setembro, no estado de saúde de Geraldo. No dia quatro de outubro, o Dr. Santorelli vem visitá-lo:

"Mas, irmão Geraldo, eu pensei que o senhor tinha sarado por obediência!"

"Sarei, sim, doutor! Mas eu vou morrer daqui a alguns dias. A hora está chegando. É a vontade de meu querido Deus, muito mais forte que a de meu diretor espiritual. Nosso Senhor permite-me sofrer o que Ele padeceu em sua agonia, e eu... eu não desejo outra coisa no mundo."

Agonia prolongada

Às dores físicas, veio juntar-se uma dolorosa agonia. O padre Geraldo Gisone visita-o e assim se recomenda às suas orações:

"Reze por mim, irmão Geraldo! Sofro tanto!"

Geraldo lhe responde:

"E o senhor sabe o que eu sofro, meu padre?... É preciso sofrer... É preciso sofrer com Jesus!"

"E o que o senhor sofre, irmão Geraldo?"

"As penas e dores da Paixão de Nosso Senhor que estão em mim e eu estou nas chagas vivas de Jesus Cristo. Sofro sem parar as dores de sua Paixão!"

Mas ele não se irrita com o sofrimento, não lastima, não geme. Foram ouvidos apenas alguns sentidos queixumes em seus monólogos, quando ele se julgava sozinho na cela:

"Sofrer, meu Deus! Sempre sofrer! De novo esta dor!... O cálice de amargura, meu Deus! O vosso cálice até a última gota! Quando me recorda daqueles pãezinhos que me destes quando criança... e me chamáveis de louco (Pazzerello)... sobre esta cruz... pode haver maior doido? De todo coração procurei ser tão doido como vós, meu Deus e Senhor... e me pegastes mesmo, verdade seja dita!... Mas eu também sempre vos peguei na palavra..."

Pergunta-lhe o Dr. Santorelli, certa manhã:

"Passou melhor esta noite?"

Com aquele sorriso angélico, inextinguível, no seu rosto de menino travesso, Geraldo responde:

"É doutor, eu não sofro... eu até sofro por não sofrer!"

O irmão inútil

Certo dia na visita da manhã:

"Doutor, estou com uns escrúpulos!"

"Que é isso agora, irmão Geraldo?! Em todo caso escrúpulos não são comigo. Vou chamar-lhe o padre Garzilli."

"É com o senhor mesmo, doutor. Sabe; é que o senhor prescreveu-me um remédio para ser tomado à meia-noite e o padre superior ordenou ao irmão enfermeiro que fique acordado para dar-me o remédio na hora!..."

"E que há de mal nisso?"

"É que eu sou um irmão inútil, doutor; eu não mereço estes cuidados, estas solicitudes..."

Era o eco do que ele sempre acreditou e de que falou muitas vezes: "Oh! Eu não mereço o pão que como".

Ele se preocupava quanto às despesas com remédios e perguntava ao médico o preço dos medicamentos que prescrevia. O Dr. Santorelli se limitava a dizer:

"Ora, irmão Geraldo, deixe isso conosco!"

"Mas, doutor, não convém sobrecarregar nossa pobre comunidade religiosa com remédios caros, com tantas despesas comigo. Eu sou um inútil. Que fiz eu pela Congregação?"

Sonata de um roceirinho

O Dr. Salvadore, de Oliveto, e o padre Próspero dell'Áquila, de Santo André de Conza, vieram visitar Geraldo. Trouxeram com eles um rapazinho que morava no interior e tinha muita vontade de ver o "Santo", cujas maravilhas e virtudes andavam na boca do povo inteiro.

Como toda pessoa acostumada na roça, era muito tímido e ficou parado, indeciso, na porta do quarto de Geraldo, olhando com os olhos muito arregalados a figura esquelética do santo irmão. Geraldo o convida gentilmente:

"Entre até aqui, mocinho! Veja, sou um pobre irmão, mais medíocre que todos os outros, um irmão inútil..."

O rapazinho passeia os olhos assustados por todo o quarto. Para ele tudo é novidade. Tudo tão diferente do que estava acostumado a ver em sua casa na roça e nas casas dos vizinhos! Até que seus olhos caem sobre um móvel desconhecido, esquisito... Era um cravo (espécie de piano antigo).

– *Mas explique-me antes: Um cravo na cela pobre do irmão Geraldo, e que levava a pobreza tão a sério?!*

O tal cravo era de propriedade do Dr. Santorelli. O médico o emprestou para que Geraldo expulsasse o tédio, tocando e cantando para o Santíssimo Sacramento e para a "Madonna". Já lhe disse que Geraldo tocava muitos dos instrumentos musicais de sua época, e como bom italiano gostava imensamente de música...
— *Mas o que se deu com o roceirinho?*
Bem; ele olhava embevecido, encantado para o cravo, intrigado, por certo, inquirindo-se para que serviria aquilo. Geraldo, sempre atencioso e gentil, convida-o a abrir o cravo e tocar-lhe... uma sonata. O rapazinho fica encabulado e, ao mesmo tempo, maravilhado, olhando as teclas brancas do instrumento. O padre Próspero diz sorrindo:
"Mas, irmão Geraldo, ele nunca saiu da roça. Ele jamais viu um instrumento destes na vida dele!"
Geraldo com sua costumeira bonomia:
"Oh! Mas isto não tem importância. Para comemorar este grande dia, este belo dia, esta tarde admirável, você aí, meu jovem, assente-se no banquinho, assim... e agora toque para este irmão inútil um último concerto de alegria, um como quê antegozo das músicas do céu!... Vamos!..."
E o rapazinho:
"Mas... mas... irmão... eu não sei como este 'negócio' funciona..."
"Ora, faça como lhe digo. Nunca, meu jovem, nunca faríamos nada por nós mesmos, se Deus não estivesse lá a cada instante para fazer tudo... para fazer tudo por nós!"
A essa altura o padre Próspero, mais para contentar Geraldo, coloca as mãos do roceirinho embevecido sobre as teclas do cravo, dizendo-lhe que bata nelas com os dedos.
— *E o que saiu?*
Todos esperavam uns sons desafinados. Os dedos grossos e calosos do jovem camponês, a princípio, foram apertando com medo, sem muito jeito, as teclas... mas depois começaram a deslizar sobre elas com a desenvoltura de um mestre pianista consumado, e uma verdadeira sonata celeste ressoou na pobre celazinha do "irmão inútil".

Perfume de lírio
Naquele dia, os visitantes experimentaram um perfume delicado na cela de irmão Geraldo.

– *Donde provinha?*
Também o irmão enfermeiro não sabia e disse-lhe, meio brincalhão:
"Uai, irmão Geraldo! O senhor usando perfumes, hein? E não sabe que a Regra nos proíbe?"
Provinha dos lençóis e do corpo tuberculoso, desidratado e devastado do pobre irmão. Geraldo contenta-se em responder-lhe:
"Nunca, meu irmão, nunca usei perfume algum em minha vida! Isso posso até lhe jurar!"
O irmão enfermeiro conta ao superior o que estava acontecendo. E este lhe diz:
"Fique tranquilo, irmão! Se alguém está desobedecendo nossa Regra, este é o próprio Deus que quer honrar este nosso confrade. E o bom Deus não fez profissão de obedecer a nossa Regra".
Às sextas-feiras, dias em que Geraldo sempre meditou na Paixão e Morte de Jesus, foram dias dolorosos para ele. O irmão enfermeiro notou que a fragrância era mais intensa e penetrante nestes dias. Alguns visitantes nem necessitavam mais de alguém que lhes indicasse a cela do irmão Geraldo. Eram guiados por meio de escadas e corredores simplesmente por este perfume que exalava deste lírio de pureza antes de se estiolar para esta terra.

Amanhã será dia de recreio
Era o dia 15 de outubro de 1755. Geraldo comenta:
"Hoje é dia de recreio para nós, em honra de Santa Teresa. Amanhã os confrades terão também um dia de recreio".
E o irmão enfermeiro:
"Por que, irmão Geraldo?"
"É que vou morrer amanhã."
Era um costume querido por Santo Afonso, e conservado até bem perto de nossos dias, que, no dia da morte de um Redentorista, fosse dia festivo na comunidade a que ele pertencesse.
– *Usança esquisita de festejar a morte!*
É que Santo Afonso repetia muitas vezes com plena convicção:
"Tenho certeza de que quem perseverar na Congregação até a morte estará salvo".

E o motivo, então, era alegrar-se pela ressurreição do confrade que partiu para o encontro com o Pai.

Harmonias vindas do Céu

Lá pelas oito horas da noite, Geraldo diz com voz muito fraca: "Ó meu Deus! Onde estais? Mostrai-vos a mim!"

O fim, entretanto, não parecia tão imediato. O Dr. Santorelli tranquiliza os padres e irmãos e aconselha-os a irem dormir para descansarem. Só o irmão Xavier d'Auria fica junto de Geraldo para providenciar qualquer necessidade fortuita.

– *Feliz Xavier por poder assistir à morte de um justo!*

Feliz por ter uma vigília embalada por harmonias do céu. Dir-se-ia que um corpo de harpistas invisíveis viera apertar-se na celazinha de Geraldo para um concerto de boas-vindas ao companheiro que em breve iria para a companhia deles no céu. Mas Xavier não assistiu à morte de Geraldo. Ele morreu sozinho como tinha anunciado.

Pequei contra Ti

Lá pelas tantas horas, Geraldo pede para ficar assentado na cama. E, escorado por travesseiros, com um sussurro entoa o salmo "Miserere" (Tende piedade). Com imenso pesar e dor ele repete várias vezes o versículo: "Tibi soli peccavi" (Foi contra vós que eu pequei, diante de vós eu pratiquei o mal).

– *Deve ter sido realmente impressionante este "miserere" soluçado, lento, humilde e dolorosamente, no grande silêncio daquela noite, por um santo e inocente como o irmão Geraldo!*

Visita da Madonna

Os harpistas celestes apenas precederam a sua Rainha.

"Eis a Madonna, prestemos-lhe nossa homenagem!"

Assim diz Geraldo, estendendo os braços descarnados e se esforçando para erguer-se dos travesseiros sobre os quais se recostava. Seus olhos faíscam de um brilho insólito, seu rosto torna-se afogueado apesar da palidez. Ele se arrebata em êxtase e balbucia:

"É a Madonna! Eu a vi! É a Madonna de Capodigiano... Ó Nossa Senhora, obrigado! A Senhora veio visitar-me... Obrigado! Obrigado!"

Nossa Senhora partiu. Pouco depois Geraldo partia também desta terra. Sua morte foi um suspiro mais profundo, o último.

Começava o dia 16 de outubro de 1755. Vinte e nove anos, seis meses e dez dias, eis a vida deste rapaz pobre, obscuro, mas tão procurado e tão conhecido apesar de tudo. Sua vida sintetizou-se nisso: amor e graça!

Ele tinha anunciado que morreria sozinho. O irmão Xavier precisou afastar-se por um instantinho e foi, precisamente, neste instante que Geraldo...

– *Fugiu mais uma vez...*

Exatamente. Contam que, deste dia em diante, os moradores de Oliveto não enxergaram mais o pano branco dependurado duma janela do convento de Materdomini.

– *Tem a sua lógica!*

Da primeira vez, em Muro, ficaram os lençóis brancos amarrados ao peitoril da janela de mamãe Benedita, e ele fugia para "tornar-se santo..."; da segunda vez, em Materdomini, ele escapa para os braços do Pai Celeste, já se fez santo e não precisa mais descer por lençóis.

Sinos festivos

Manhãzinha de 16 de outubro de 1755, o irmão sacristão tange os sinos de Materdomini, que soam em festivos aleluias de Páscoa. O corpo de Geraldo, revestido com o hábito redentorista, já está exposto na igreja. O padre superior censura o irmão sacristão:

"Mas, irmão, o senhor está maluco? Tocando os sinos deste jeito! Deve tocar a finados e não festivos!"

Responde o atônito sacristão:

"Eu bem que quero, padre superior, mas os meus braços não me obedecem! É uma força estranha que me faz tocar os sinos assim!" E a voz do bronze voa pelos ares, transporta por montes e vales ecos exultantes de aleluias.

– *Porque Geraldo, o grande amigo de Jesus, renasceu para a vida eterna!*

XXXIV
SÃO GERALDO ENTRE NÓS

O badalar dos sinos de Materdomini ecoou por montes e vales. Era a "transfiguração" de Geraldo que começava. Dali por diante, ele não seria apenas o irmão leigo Redentorista, cidadão do reino de Nápoles. Ele transpôs os limites dos países e continentes e tornou-se, possivelmente, o mais conhecido Redentorista do mundo inteiro.

– *Na verdade, um simples irmão leigo jamais granjeou tanto prestígio e reputação para a sua Ordem ou Congregação, como São Geraldo.*

Em muitos lugares ele "precedeu" a seus confrades. Distribuindo os benefícios de Deus a mãos cheias entre os mais queridos do Reino do Pai: os empobrecidos e desprezados, os mais "lascados" e pisados pelas organizações e culturas humanas, ele se tornou um cidadão do mundo.

– *Hoje cidades e municípios se adornam com o nome deste santo irmão.*

É. Desde humildes bitáculas e grandes empórios, hotéis, companhias de ônibus, bairros, paróquias, relembram o obscuro filho de camponeses murenses do século XVIII.

– *E que tanto quis se esconder!*

Já se notou que, no Brasil, dificilmente se encontra uma cidade onde o nome dele não esteja lembrado numa rua ou numa casa comercial.

– *E os muitos milhares, para não dizer milhões, de Geraldos e Geraldas por este mundo afora?*

São ex-votos vivos que testemunham a gratidão das mães pela ajuda do "padroeiro das mães" em trabalho de parto difícil.

Jesus já tinha avisado: "ninguém acende uma lamparina para pôr debaixo do cesto. Ao contrário, ela é colocada no lugar próprio para que ilumine todos os que estão em casa" (Mt 5,15).

Tratando-se de São Geraldo, este "lugar próprio", aqui no Brasil, parece ser a Basílica de Curvelo, que é um centro irradiador de bondade e acolhida do Pai do Céu, por intermédio deste seu humilde servo. Diz o poeta:

> "Se Curvelo se apraz do apelido
> *de Princesa Gentil do Sertão*
> mais se orgulha por ter acolhido
> São Geraldo no seu coração".
> *Pe. Celso de Carvalho.*

E o historiador registra:

"Tudo aqui começou com simplicidade e humildade. Muito à maneira do humilde irmão leigo São Geraldo da Congregação fundada, na Itália, por Santo Afonso de Ligório. Não houve, de início, nem aparições prodigiosas, nem curas espetaculares com influência, em massa, do povo, que caracterizam geralmente as grandes devoções populares dos afamados Santuários de Peregrinação ou Romarias" (Pe. Alberto Vieira de Araújo, em *Curvelo do Padre Corvelo*).

– *E como tudo começou?*

Muitos anos atrás, na verdade. Foi quando São Clemente Maria Hofbauer e seu companheiro, o padre Tadeu Hübe (por volta de 1785), levaram a Congregação Redentorista para além dos Alpes europeus. Na bagagem deles foi também a "memória" de Geraldo. A Congregação espalhou-se rapidamente não obstante as dificuldades e oposições suscitadas pelo *Josefismo* e as guerras napoleônicas que incendiaram a Europa toda.

Em Witten, na Limburgia, território holandês, ergue-se um magnífico santuário dedicado a São Geraldo. Os Redentoristas holandeses trouxeram a Congregação para o Brasil, tendo início em 26 de abril de 1894 aquela que seria, mais tarde, a Província do Rio de Janeiro.

– *Como chegou São Geraldo a Curvelo?*
É bem possível que, já nas missões pregadas aqui, em 1904, pelos Redentoristas, o povo curvelano tenha ouvido o nome do bem-aventurado Geraldo.

Mas, por certo, ele chegou para ficar, foi "pelas 11h30min da manhã, pelo expresso da Central do Brasil, do dia 18 de setembro de 1906", com os padres Tiago Boomaars, José Goosens e o irmão Filipe Winter que, assim, começavam uma nova casa dos Redentoristas na "boca" do sertão mineiro.

Esta nova casa foi colocada sob a proteção de São Geraldo, que havia sido canonizado por São Pio X, pelas 10 horas do dia 11 de dezembro de 1904, em Roma. E, pouco a pouco, Geraldo foi ganhando o coração e as simpatias do nosso povo.

– *E o início, como foi?*
Uma solene novena, de 6 a 15 de outubro de 1906, preparou a primeira festa de São Geraldo, realizada em Curvelo. Na "igrejinha do Rosário", foi benta uma pequena imagem do santo padroeiro e que saiu na procissão. Estava fincada a primeira estaca da devoção popular e da espiritualidade geraldina nas terras mineiras. Pois, "o povo acorreu em massa" e, desde então, as mães curvelanas têm São Geraldo por seu protetor.

Com a presença redentorista dos missionários, foi criando corpo a ideia de se construir, em Curvelo, um Santuário a São Geraldo Majela, semelhante ao de Witten, na Holanda.

E, no dia 22 de março de 1912, foram colocadas as primeiras pedras do alicerce do primeiro grande templo em honra de São Geraldo, no Brasil.

Já em outubro de 1911, começara a revista "O santuário de São Geraldo", visando espalhar por este Brasil afora o conhecimento do santo e da sua espiritualidade.

Em março de 1919, terminou a construção do Santuário. O título de Basílica Menor foi-lhe concedido pelo Breve Apostólico "Humilis Religiosus Sodalis" do Papa Paulo VI, datado do dia 30 de abril de 1966. A instalação litúrgica da Basílica se deu no dia 16 de outubro desse mesmo ano.

– *Estive pensando, e me parece coincidência...*
Coincidência em quê?
– *A capelinha de Materdomini, em Caposele, recebeu, um dia, o menino romeiro Geraldo e sua mamãe Benedita. Anos depois, o irmão leigo Redentorista Geraldo Majela viveu e morreu sob o olhar da Mãe de Deus. Associados os dois, transformaram a humilde capela em Santuário e depois na majestosa Basílica, centro de vida religiosa e piedade popular de hoje, na Província de Avelino, no sul da Itália. Novamente associados, os dois transformaram a "igrejinha do Rosário", de Curvelo, na grandiosa Basílica de São Geraldo, centro de atração religiosa para milhares e milhares de romeiros, a cada ano.*
Verdade! Parece que o dedo de Deus está aí.
– *E o que é feito da "igrejinha do Rosário"?*
Foi demolida em 1917.
Já em 16 de outubro de 1913, após a procissão, a imagem de São Geraldo foi entronizada no altar-mor da igreja. É a mesma imagem que, hoje, ocupa o trono do altar-mor da Basílica.
– *Aquela quase em tamanho natural?*
Sim. E é um ex-voto, em cumprimento de uma promessa, de um devoto holandês que foi curado, milagrosamente, de uma grave enfermidade por intercessão de São Geraldo.
– *E, no lugar, uma grande praça ao lado da Basílica, onde se celebra, a cada ano, a Solene Oitava de São Geraldo, sempre a partir do último domingo de agosto até o primeiro domingo de setembro.*
A praça mede 14 mil metros quadrados e está arborizada com 130 árvores, muito bem cuidadas pela Prefeitura local. Constituem um abrigo precioso, oferecendo sombra aos romeiros no clima quente e seco de Curvelo.
– *Então São Geraldo fez esquecer Nossa Senhora do Rosário?*
Não penso assim. Acho que, em Curvelo, Jesus e sua Mãe Bendita realizaram para com o seu servo Geraldo o que está escrito no livro de Ester: É assim que é tratado o homem a quem o rei quer louvar.
Mas voltemos à Basílica! A construção não apresenta um estilo puro. É um misto de neorromano e nórdico da Europa.

– *Mas agrada muito.*

Por certo. Quem entra pela nave central, em direção ao altar-mor, é como se vivesse uma sinfonia de cores tocada pela luz que penetra através dos vitrais e reflete nas paredes, nas quais os primos de Santa Maria Goretti: Victorio, Giulio e Gino contam em figuras, símbolos e decorações os fatos mais marcantes da vida de São Geraldo.

A deslumbrante "Apoteose de São Geraldo" por entre os anjos "pintada na arcada de transição da nave central com a Capela-mor é cópia do original em Materdomini". As demais pinturas e murais são cópias de telas do famoso pintor holandês Albin Windhausen. A arte dos "irmãos Goretti" está na colocação dos murais e decorações e no equilíbrio da luz e sombra.

O mural que está à direita da entrada do templo é, verdadeiramente, uma obra-prima. Representa São Geraldo em êxtase, rodeado de pobres, ao ouvir o cego Felipe Falcone modular na flauta a melodia composta por Santo Afonso:

"Il tuo gusto e non il mio
voglio solo in te, mio Dio!
Tua vontade e não a minha;
Quero só em ti, meu Deus!"

– *E aquela imagem que está na fachada? Vi que muita gente ao passar tira o chapéu ou inclina a cabeça em sinal de respeito.*

Foi ali colocada em 9 de agosto de 1953. É cópia da imagem de madeira da Igreja de São José, em Belo Horizonte. Foi modelada e fundida em bronze por João Scotto, escultor italiano, nas oficinas dos irmãos Natali, de Belo Horizonte. Parece que, no Brasil, é a imagem mais perfeita que temos de São Geraldo.

– *E aquele sarcófago de vidro com a imagem do santo morto?*

Como pode ver é uma arca, em forma de sarcófago, muito simples e modesta, mas artística. É de vidro para possibilitar a visão, e as junturas são de metal dourado. Foi desenhada pelo holandês Van Petten.

Quanto à imagem, em tamanho natural, foi modelada e fundida em gesso pelo escultor italiano José Bernardi, residente em Bonsucesso, no Rio de Janeiro. É imitação de outras similares. Um colega nosso ouviu, certa vez, de um médico este testemunho:

"Esta imagem retrata muito bem o aspecto de uma pessoa que teria morrido de tuberculose".

Interessante notar que o tal médico não sabia que São Geraldo morreu de tuberculose.

– *Para que a imagem de um morto?*

Para a veneração dos fiéis. Foi colocada, em 3 de outubro de 1940, primeiramente sobre os degraus da escada da capela-mor em frente ao altar-mor. Em 13 de abril de 1944, foi removida para a nave lateral defronte ao altar da Sagrada Família, local que ocupa até hoje. Dificilmente, ao entrar na Basílica, você não encontrará alguém rezando diante desta imagem de São Geraldo morto de tuberculose; um apoio, uma consolação, uma esperança para prosseguir confiante em também vencer e ressuscitar por Cristo e como Cristo Jesus.

A "sala dos milagres", cheia de ex-votos, também comprova a "presença" de Geraldo em meio ao nosso povo simples, humilde, sofredor, mas cheio de fé e confiança no Pai do Céu.

BIBLIOGRAFIA

Em particular:
1. *Le Grand Jeu du Pain e du Sang*. Gérard Majella Th. Rey-Mermet.
   École Missionnaire Saint-Gérard. Rue de Menin 20, mouscron (Belgique).

2. *Fou Comme Son Dieu*. Henri Brochet. Inédito.

3. *Curvelo do Pe. Corvelo*. Pe. Alberto Vieira de Araújo, C.Ss.R. Imprensa Oficial, 1970.
   Estas três obras serviram de base para o nosso texto.

Em geral:
1. *L'Uomo che Asservi Satana*. S. Gerardo Maria Maiella Vicenzo d'Ambrosio. Societá di Cultura per la Lucania. Napoli, Via Amerigo Vespucci, 88 Isol. G.

2. *Abrégé de la vie de Gérard Majella, frère laic de la Congrégation du Très Saint Rédempteur*, em Memoires sur la Vie et la Congrégation de S. Alphonse de Liguori, par Le R.P. Antonie-Marie Tannoja, Gaume Frères. Editeurs. Libraires. Rue du Pot-de-Fer, 5, 1842, Paris.

3. *Vie du Vénérable Gérard-Marie Majella*. Frére Servant de la Congrégation du Très Saint Rédempteur. Par un Père Rédemptoriste. Veuve H. Casterman, Tournai, 1848, e Atas da Beatificação do Venerável irmão: "Positio Super Virtutibus".

4. *Storia Maravigliosa di S. Gerardo Maiella.* Nicola Ferrante. III Edizione, riveduta e correta, Coletti Editore: Roma, 1965.

5. *San Gerardo Maiella Mistico.* Gerardo Zitarosa. Societá di Cultura per la Lucania, 1969.

6. *Vida de São Geraldo Majela.* D. José Brandão de Castro.

7. *São Geraldo.* Pe. Francisco Alves, C.Ss.R. São Paulo: Paulinas, 1952.

8. *Vita di S. Gerardo Maiella,* laico professo della Congregazione del SSmo Redentore, scritta dal P. Claudio Benedetti 2ed., Materdomini. Tipografia "S. Gerardo Maiella", 1906.

9. *S. Gerardo Maiella.* Eugenio Pilla. Edizione Pauline, 1966.

10. *Vida de São Geraldo Majela, irmão leigo da Congregação do SSmo. Redentor* - Pe. Carlos Dilgskron, tradução do Pe. Oscar Chagas, C.Ss.R. OFF Grafh. Santuário Aparecida, 1934.

11. *Vida, Virtudes e Milagres de S. Geraldo Majela, irmão leigo da Congregação do Santíssimo Redentor.* Par le Pére Saint-Omer, tradução de Fernando Thomaz de Brito, 2ed.

12. *Sott'acqua e sotto vento.* Icilio Felici. Casa Editrice S. Gerardo Maiella (Avelino) Materdomini, 1959.

13. *Vida de São Geraldo, o Homem que brincou com Deus.* Pe. Francisco Costa, C.Ss.R. Editora Santuário: Aparecida-SP, 1987.

14. *História e Espiritualidade afonsiana.* Joseph V. Oppitz, C.Ss.R. Editora Santuário: Aparecida-SP.

ÍNDICE

Introdução 7
   I. Em voo rasante 9
   II. Capodigiano 14
   III. No menino, o homem de amanhã 19
   IV. Uma fé capaz de transportar montanhas 24
   V. Atribulações de um aprendiz 26
   VI. Na casa de Pannuto 30
   VII. Uma porta fechada na cara 34
   VIII. Criado do senhor bispo 36
   IX. Esperando a hora de Deus 41
   X. Pazzerello 46
   XI. "Noivado" 52
   XII. "Travessuras" de Geraldo 56
   XIII. Raio de esperança 60
   XIV. Fugiu! 63
   XV. Enfim! 69
   XVI. Mais outra vitória 73
   XVII. No seu tempo de noviço 77
   XVIII. A preocupação de Geraldo: os outros 84
   XIX. Amor e perdão 88
   XX. Um "flash" de Geraldo 91

XXI.	O obediente cantará vitória	97
XXII.	O tesouro de Geraldo	109
XXIII.	Cartuxo e missionário	117
XXIV.	Em Muro	124
XXV.	Uma praga de ratos	132
XXVI.	Em Corato	135
XXVII.	Portador da paz	140
XXVIII.	No passeio com os estudantes	146
XXIX.	"Tempo para calar"	155
XXX.	Dois mendigos santos	169
XXXI.	Junto à Mãe do Senhor	177
XXXII.	Pedidor de esmolas	184
XXXIII.	Fugiu de novo!	188
XXXIV.	São Geraldo entre nós	198
Bibliografia		205